新版

ゲーム理論トレーニング

あなたの頭を「勝負頭脳」に切り換える

国際情報学研究所理事長 逢沢 明 *Akira Aizawa*

かんき出版

本書は、2003年3月に小社より刊行された
『ゲーム理論トレーニング』に加筆・修正したものです。

はじめに

　あなたは、政党「Ｃ党」の党首です。全議員数は100名ですが、その内訳は以下の通りです。

Ａ党　52人　　Ｂ党　28人　　Ｃ党20人

　巨大政党「Ａ党」、対立政党「Ｂ党」に比べて議席数が少なく、当然、国会での発言力も影響力も微々たるものです。そしてこのたび、選挙が行われることになりました。選挙前に、あなたは支持層に公約しました。

「わがＣ党は今回の選挙で、必ず国会での影響力を高めて見せます」
ところが選挙結果を見てみると、想像以上の苦戦を強いられていたことがわかりました。

Ａ党　48人　　Ｂ党　40人　　Ｃ党12人

　Ｂ党が大躍進し、Ａ党が踏みとどまり、Ｃ党が一番「割り」を食った結果になったのです。影響力を高めるどころか、議席数を半分近くまで減らしたあなたは、肩を落として事務所に戻りました。ところが……

「Ａ党の党首から、ぜひお会いしたいとの電話が」
「Ｂ党が、ぜひ一緒に勉強会を開いてほしいと」
「マスコミが政策について記者会見を開いてくれと申し出ています」
　秘書たちにまくし立てられて、あなたの頭には「？」がいっぱいです。

　一体、何が起こったのでしょう。あなたにはわかりますか？　この問題は、本書219Ｐの事例をもとに作りましたので、続きはそちらをご覧

ください。結論だけ述べますと、実は今回の選挙の結果、議席数を減らしたにもかかわらず、Ｃ党は格段に国会での影響力を増しているのです。

　選挙もそうですが、私たちが生きていく上で遭遇する様々な状況──、「人づきあい」や「ビジネスでの競争」、あるいは「法廷」や「国際関係」などは、すべてある意味「ゲーム」として捉えることができます。

　ゲームには、相手がいます。そして相手に勝つには、単純な足し算だけではなく、かけひきや頭脳プレイが必要です。このかけひきや頭脳プレイを研究するのがゲーム理論というわけです。ゲーム理論というのは、「兵法」のうち、「頭脳プレイ」の部分を現代的に扱う科学だといってよいでしょう。「行動科学」の一種です。

　ゲーム理論の体系を創始したのは、コンピューターの基本方式に名前を残した数学者でした。その点できわめて「論理的」な体系です。ただし、「利益」を最大の目標とする科学だという特徴があります。だから主として経済学の分野で発達しました。近年は、ノーベル経済学賞の受賞者を何人も出しています。すそ野も広がり、生物学などにも大きな影響を与えています。近年は、ゲーム理論で賞金５千万円の京都賞をもらった生物学者までいます。もちろん、政治学やコンピューター科学分野などでも、広く利用されている理論体系です。

　ゲーム理論は、普段の日常生活のいろいろな場面でも役立ちます。たとえば、次のような人には特に即効性があるでしょう。

- ・ビジネスの競争や裁判を有利に運ぶ「戦い方」を学びたい。
- ・相手を言い負かす論理や作戦を学んで「議論」に強くなりたい。
- ・近所付き合いやビジネスの「交渉」をうまく進めたい。
- ・企業との連合など「協力関係」を有利に構築したい。
- ・「人間関係」の指針を学び、恋愛などの社会性を身につけたい。
- ・「生き方」の哲学として、よい人生や人間性について考えたい。

・株式売買などで損をしない「ギャンブル」の名手になりたい。

・スポーツやテレビゲームなどの「ゲーム」の名人になりたい。

・助言の才を身につけ「アドバイス」に説得力をもたせたい。

　これまで、日本にはゲーム理論の優れた本があまりありませんでした。あっても難解な本か、あるいは実践と無関係な本でした。だからいまだにゲーム理論は、たいていの人がよく知らない分野です。一応知っている人でも、ゲーム理論を日常に使いこなせる人はまれです。知らない人が多い理論ですから、先に知ってしまった人はもちろん有利です。

　昨今のニュースを見るまでもなく、日本人は国際社会で、あまりにかけひき下手です。それが近年の日本の大幅な退潮と無関係ではないと考え、ゲーム理論を徹底して実践スタイルの本にまとめてみることにしました。

　本書では、「実践における考え方」を重視して説明する方針をとりました。ややこしい数式など使いません。数式を使わずに、ゲーム理論の最先端の成果を使いこなせるように工夫しました。通勤時間や通学時間のうちに、"ゲームの達人"になってしまえる本です。

　また、頭のトレーニングとして、この本を使っていただいてもかまいません。ゲームの戦い方には、常識と異なるものがたくさんあります。論理的なパズル問題集のようにも楽しんでいただけます。

　本書はクイズの本のように、やさしい演習形式にしてあります。しかし威力がうんと大きい本です。万人向けの"使えるゲーム理論"の本としては、本書が最初でベストの本になりました。

　旧版は20年以上前に出版しました。今回は時事的な数値を変更しましたが、ゲーム理論的な思考法が、そんなにも長く新鮮さをもって通用することを、一層ご理解いただけるでしょう。

2024年4月

京都にて　逢沢　明

目次

CONTENTS

第 **1** 部

ゲーム理論
の基礎

第**2**部

状況別の
ゲーム理論
実践

●挿画──松尾かおる
●装丁──松本桂

頭を使えば
「ゲーム」に勝てる

　ゲーム理論は「兵法」に似ています。つまり、相手との戦い（ゲーム）に勝つための理論・方法です。論理的な兵法とも言えます。

　これからゲームに勝つためにゲーム理論を学んでいくワケですが、まず最初に、読者の方の頭を「勝負頭脳」にしようと思います。「強い相手が勝つ」と思いこんでいては、勝てるゲームにも勝てません。勝つために頭を使うとはどういうことかを、まずは理解しましょう。

0-1

「勝負頭脳」に切り換える

 ゲーム理論で本当に「かけひき上手」になれるのか？

　ゲーム理論はモダンです。しゃれたセンスがあります。ウィスキーでもチビチビやりながら、パズルのように解いて楽しめます。ただ、そのしゃれたセンスのために、かえって実戦が見えなくなる、という欠点があります。

　ゲーム理論の専門書は、読んでもわからない記述が多いです。入門レベルの一般書でも、大前提さえ述べていなかったりします。だからさっぱりわかりません。あるいは役に立ちません。

　この本で採用している立場は、ただの雑学・教養としてゲーム理論を知るだけでなく、実生活・実社会において「勝負巧者」「かけひき上手」になることです。ですからゲーム理論を、できる限り実戦に即して述べようと思います。

 「どうすれば？」と考えることからすべてが始まる

　その時に本当に大事なのは、「実戦への結びつけ方」から考え始めることなのです。だから本書では、ゲーム理論についての話を始める前に、「勝つための頭の使い方」から入っていくことにします。皆さんに、戦国時代へタイムスリップしていただきます。戦国時代の兵法は、頭脳プレイの参考書としてうってつけです。

　まずは早速、右の問0－1を読んで見てください。そして、自分なりに解答を考えてください。

　本書には、このような問題が96問ありますが、必ず自分で頭を使ってから、解説を読むようにしてください。ただ読むだけでは、この本の効

果は半減してしまいますよ。

問0-1 （戦うか、逃げるか）

　織田信長は、戦国の世に天下取りを果たしました。しかし若いころは、尾張のウツケといわれていました。彼が最初に名を上げたのは、今川義元との戦いでした。

　当時の両軍の兵力差は、織田軍2000余り、今川軍4万（2万5000ともいわれます）。絶対的に織田軍が劣勢の戦いです。

　あなたは、織田信長です。部下が報告にやってきました。

「信長殿、今川軍が攻めてきました」

「うむ」（あなたです）

「戦いますか？　それとも、逃げますか？」

　さてあなたは、何と返事をしますか？

　この問題は、あなたが「ゲーム理論に向いているかどうか」を試したのだと思ってください。

　ほとんど何も考えないか、あるいは歴史上の事実だというだけで、「戦う」を選んだのでは、まだゲーム理論向きではありません。どうやって4万の今川軍をやっつけるかを考えたり、あるいはそれを知りたいという気持ちが強くなっていたりしたら、あなたはゲーム理論に向いています。

　ゲーハ理論は「行動科学」です。「自分で参加する」という姿勢で、この本の問題に挑戦してみることが大切です。

問題は分解して考え、選択肢を発見する

　兵力が2000人対４万人でたいへんだなどと、そこばかりに気を取られないでください。いかにゲーム理論でも、戦争という大問題を、一気に理論で解決できるわけではありません。

　頭脳プレイの基本は、まず、

「問題を分解する」

　というところにあります。複雑で大きな問題を、小さくて決断可能な問題に分解していきます。そして、小さな問題のそれぞれに対して、解答を考えていくのです。

　そのとき、答を二分法だけで考えないでください。選択肢はいろいろです。この問題の場合、

・戦う
・逃げる
・城にたてこもる
・今川軍と交渉して取引する
・どこか援軍を頼みに行く
・とりあえず時間稼ぎをする
・部下の質問には答えない

　などいくつもの選択肢がありえます。だから、「選択肢を徹底的に発見する」ことがなによりも重要です。

　問題を分解する。選択肢をなるべく多く発見する。これを怠ったのでは、本当に頭脳プレイに強くなることなどできません。これは基本中の基本ですよ。

0-2

勝負には「常套手段」がある

 知れば強い、戦いのセオリー

　勝負なんて、物量か、時の運さ。こんな声も聞こえてきます。勝つ方法なんてあるわけがない、あったらみんなその方法を使っているよ、と言うわけです。

　そのように考える人にとっては、ゲーム理論は、はなはだウソ臭い代物のように見えるかもしれません。しかし、勝負やかけひきには、昔から伝わる兵法（セオリー）が確かにあり、ゲーム理論を学べば、学んでない人よりも確実にかけひき上手になることができます。

問0-2（信長は本当はどうしたか）

　先ほどの問題の続きです。

　「信長殿、戦いますか、逃げますか？」

　「……」

　本当の信長はどうしたと思いますか？

　信長は、何も答えませんでした。戦うとも逃げるとも、答えることさえしなかったのです。

「敵に攻め込まれようとしているのに無反応だなんて、信長は変わっているなあ」と感心していてはいけません。戦いにおける常套手段という点では、これは意外な作戦というわけではありません。『忠臣蔵』の大石内蔵助（くらのすけ）も、これと同じ作戦を使いました。彼は「昼行灯（ひるあんどん）」と呼ばれな

がら、ボーッとしたふりを装い、主君の仇討ちをする機会をひたすら待ったのです。

答えない理由は簡単です。大きな理由を2つ述べましょう。

ゲームには敵もいれば、味方もいます。ゲームをプレイするとき、「味方の態度を見定める」ことが非常に重要です。信長はまず、自分の部下たちの覚悟を観察しようとしたはず。それが1つ目の理由です。

もう1つの理由も大きいです。それは味方のうちにスパイが紛れ込んでいる可能性を考えれば理解できます。戦う意志がないように装っていれば、それをスパイが伝えて、敵が油断をします。だから、「敵を欺く」という効果を期待できたわけです。大石内蔵助の場合も、そっくり同じやり方でしたね。

ついでにもう1つ、問題をやってみましょう。

問0-3（昼か夜か）

何も答えないまま、信長は勝機を探っていました。もちろん、今川軍を攻めることに、内心では決めていました。

では信長は、次のどちらの攻め方を選択したでしょうか。

①敵軍がよく見える昼間に攻める
②自軍がよく見えない夜中に攻める

正解は②でした。信長は、夜中に攻めたのです。別の説では、大雨の後の明るいうちだったともいいますが、要するに「奇襲」作戦です。映画などを見ると、戦争はたいてい昼間やっています。あれは映像化の都合があります。夜中ではやりにくいだろう、というのは素人考えにすぎません。

たとえば、現実の戦争である「湾岸戦争」の開戦シーンを思い出してください。1991年のできごとでした。真夜中、暗闇の中を、花火のように火が走るシーンばかり思い出すでしょう。イラクへの開戦は、真夜中

に行われたのです。しかもそれは、予想通りだったと考えられています。たいていの専門家が未明の開戦を予想していたというわけです。

　信長の戦いの場合、敵軍との兵力の差が圧倒的に大きいものでした。敵が最も戦いにくくて、味方に勝機のある作戦は、奇襲しかありませんでした。しかも、弱者が勝つには「奇襲」というのが、あまりにも当然な常套作戦です。

　湾岸戦争も、敵地での戦いでしたから、地の利はイラク軍にあったわけです。アメリカを主とする多国籍軍は、軍備に余裕があったため、自軍にほとんど犠牲の出ない作戦を選びました。

　常套的な作戦は、素人が考える"常識的"な作戦とは異なります。兵法における定石通りの作戦です。

　孫子の『兵法』では、いろいろ言っています。

「敵の無防備を攻めて、不意をつけ」
「正攻法で対戦しつつ、奇襲を行って勝て」
「必ず勝つには、敵の守っていないところを攻めよ」

ゲームに勝つには、勝つための勉強が必要

　ゲームには勝ち方がある、ということが少しおわかりいただけたでしょうか？　そしてそのような論理に強くならなければ、実世界のゲームに勝てるようにはなりません。

　また、論理に強くなるとともに、過去の実例についての知識が必須です。「こういうときには、こうしてきた」などの常套作戦です。

　そうした知識を身につけるためには、日々のニュースをこまめにチェックすることや、読書、耳学問などの積み重ねの努力をしたほうがいいですね。

0-3

「弱者」でも「強者」に勝てる

 規模や物量にひるまない

　弱者が強者に勝つ。ゲーム理論を学ぶ上で、たいへん魅力的なキーワードがこれです。まるで不可能を可能にするように見えます。しかし実際にしばしば可能です。まるで「柔よく剛を制す」という柔道のように。

　たとえば、ここ数十年におけるコンピューター業界は、特にパソコン産業では、ガリバーのIBMが負けていった歴史といってよいでしょう。パソコンの初期は、マイクロソフトのオペレーティングシステム（ＯＳ）を搭載したIBM製のパソコンが業界標準でした。しかし、21世紀に入った2001年、パソコンの世界シェアで、IBMは４位、たったの6.2％でした。

　こういうことはよく起こります。かつて世界最大の鉄鋼メーカーだったＵＳスチール社には今や往時の栄光はありません。日本の鉄鋼メーカーに敗れ去ったのです。

　その日本もまた、韓国や中国などアジア勢を相手にして、現在苦戦中です。よほどの作戦を練らないことには、アメリカの轍を踏まないですますことはできません。

 巨大企業はあえいでいる

　ベンチャーや中小企業でも、巨大企業に勝てることは、少し考えてみればわかります。

　たとえば、創立30年で巨大企業にのし上がったA社と、設立３年にすぎないB社があったとします。常識的に考えると、A社とB社では社員の平均年齢がずいぶん異なると想像できます。

A社：社員の平均年齢45.8歳
B社：社員の平均年齢25.2歳

　これくらいの開きはあるかもしれません。これだけ社員の平均年齢が異なると、１人当たりの人件費が、年間で数百万円も余分にかかります。だとすると、A社に競争力はありません。

　成熟市場の場合、特に問題が大きいです。事業を拡大しつつ、若い社員を多く雇い、平均の人件費を下げていくことができないからです。だから年がたつほど競争力が低下します。よほどの新技術でももたないかぎり、思いきったリストラで、事業転換を図るしかないでしょう。

　また、A社のような老舗の巨大企業は、複雑化したピラミッド型組織なので、何かを決定しようと思っても、時間ばかりかかるといったように、巨大化するとともにスピードを失います。さらに、経営者が高齢化するとともに、時代の流れについていけないということがしばしば起こります。ひどい場合には、社長のまわりはイエスマンばかりとか、経営体制が崩壊寸前といった状況かもしれません……。

　このA社とB社の場合、B社が「価格決定権」をもってしまいます。なぜかというと、B社のほうが価格が安いからです。同じ品質であるなら、誰だって安いほうを選びますよね。逆にA社は、事業を続けるほど赤字が雪ダルマ式に累積しかねません。事業縮小あるいは事業撤退は早いほど効果的です。

　ただし、大手のA社側に、作戦がまったくないわけではありません。取りうる１つの戦法は、その資本力にものをいわせて、B社との価格戦争に入ることです。体力勝負でB社を打ち負かします。

　ただ、失敗すると傷がますます深くなるのと、次の敵である新興のC社が早晩現れることも想定しなければならないでしょう。

技術革新で力関係が逆転する

　ベンチャー企業が、巨大企業と戦って勝利できるのは、成熟市場だけではありません。技術革新が激しい市場も、絶好の主戦場です。

　たとえば、バイオやナノテクで新製法を発明したとします。強力な特許の場合、生産コストが10分の１以下になることも稀ではありません。こうなったら、巨大企業側に勝ち目はありません。

　ただし、大手がもし勝ちたいなら、相手企業を丸ごと買収するという手もありますが。マイクロソフトなどがよく使ってきました。

　さてＩＴ産業においては、かつては「ムーアの法則」が長年にわたって成り立ってきました。１年半でコンピューターの価格性能比が２倍になるという法則です。この計算で行くと、

　3年で4倍　（2×2）
　6年で16倍（2×2×2×2）

　というペースで、コンピューターの性能が向上していきます。およそ、「5年で10倍」だと考えてよいでしょう。

問0-4（現在の10億円vs5年前の100億円）

　大企業のＡ社は、5年前に100億円かけてコンピューター関連の設備を導入しました。対抗して、新興のＢ社はベンチャーファンドから10億円を調達して、同じ事業に参入しようとしています。

　さて、勝敗はどうなるでしょう？

　おそらくＢ社が圧倒的な勝ちを収めるでしょう。

　ムーアの法則によれば、Ｂ社が導入する10億円の設備は、Ａ社が5年前に100億円かけた設備とほぼ同等の性能です。性能が同じで、価格が10分の１だということです。だったら、Ｂ社のほうがはるかに競争力があるのは目に見えています。

　というわけで、従来のＩＴ分野では、５年もたったら、設備投資負担は十分に回収して、さらに十二分に利益が出る、という事業計画が必須だったわけです。それができないでいる事業があったとすると、新興企業にしてやられます。

　このように変化の激しい分野で、バブルの波に乗って、甘い資金回収計画を立ててしまったとします。設備投資負担も回収できないうちに、新興企業が育ってくると、非常な苦境におちいるおそれがあります。

国際プロジェクトを負かしたベンチャー

　失敗した大企業の話をするのはお気の毒なので、ベンチャー企業にしてやられてしまった国際プロジェクトについて触れましょう。技術革新パワーの実例です。

　ヒトゲノムの解読では、各国が共同で国際研究プロジェクトを組織していました。そこにセレーラ・ジェノミクスという企業が突然現れ、あれよあれよという間に解読を完成させてしまいました。

　セレーラは、1998年５月に設立されたばかりの会社でした。ところが、2000年４月にもう、国際研究プロジェクトに先駆け、「ほぼ解読した」と発表したのです。

　それはムーアの法則の応用例でした。ゲノム解析機の主要部は、要するにコンピューターです。それは５年で10倍、10年で100倍の性能向上を続けています。一方、各国が共同で組織した国際研究プロジェクトは、企業ではないので、のんびりしていました。1990年ごろから始めて、設備を導入し、10年余りで解読しようとしていました。

　セレーラ社はそこに目をつけました。10年前に比べて、今ならその100倍の性能の機械が手に入ります。だったら、設備投資は10分の１にしても、たった１年ほどで解読することが可能だったのです。

　なんとわかりやすい作戦でしょう。実際にそのように実行して、国際研究プロジェクトに勝つほどの成果を、たった１社でなしとげてしまったのです。近年の人工知能分野では、専用回路化技術で高速化を図りますので、インテルが新興の前でピンチに立たされたりしています。

0-4

ゲーム理論のキーワード

 わかれば勝てるゲーム理論

　この本のスタイルは、ここまで読んでいただければ、ある程度ご理解いただけたのではないでしょうか。短い章と節を積み重ねながら、簡単な演習問題を使って理解していきます。

　演習は非常に実践的ですし、勝ち方の「常識」という視点を重視しています。「わかれば勝てる」という立場の本です。

　また、できるだけわかりやすく書きましたので、ゲーム理論を解説している他の本に比べれば、はるかに読みやすいでしょう。

　さて、いよいよゲーム理論について次章から学んでいくわけですが、本章の最後に、ゲーム理論に使われるキーワードを、あらかじめ、簡単に押さえておきましょう。これから本書を読み進める上での予備知識です。

 ゲーム理論の基本定理

問0-5（ゲーム理論の基本定理）

　あなたの知っているゲームで、戦い方の常套手段を考えてもらいましょう。戦い方の常套作戦を答えよ、といっても、ごくごく簡単なゲームですよ。

　では、ジャンケンの最も常套的な作戦を述べてください。

　グー、チョキ、パーをそれぞれ3分の1の確率で出すこと。実はこれ

が最も重要な作戦なんです。

　たとえば、あなたがグーをめったに出さなかったとしましょう。ほとんどがチョキかパーですから、相手はチョキを出すことにしておけば、ほとんどの場合にアイコか勝ちです。つまりあなたは負け続けます。

　それを避けるために、グー、チョキ、パーを等確率で出しなさいというのが、「ゲーム理論の基本定理」という重要な理論の結論です。後の章で説明します。

　ほかの本では、定理だなどといって、難しそうに書いていることがよくあります。実際は、ジャンケンにおける一般人の経験則から簡単に理解できる内容です。

　なお、普通の人がジャンケンをすると、「グー、チョキ、パー」の順番で出すことが多いといわれます。相手がグーを出したら、次はチョキかもしれません。だったらこちらはグーを出したら勝ち。一般に、「相手の出したのと同じ手を、次回に出す」という作戦がいいです。

　なお、後の章の予告をしておきますと、「囚人のジレンマ」という有名なゲームでも相手の裏切りをまねる「しっぺ返し」という大事な戦略が使われます（115Ｐ参照）。

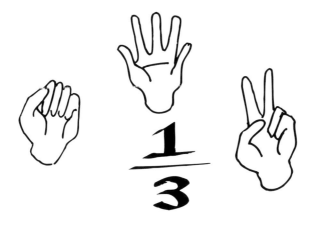

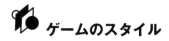 **ゲームのスタイル**

問0-6 （「協力」「非協力」「交渉」）

戦い方という問題を細かく分解していくなら、ついでに、プレイヤーがどういう方針をもつのかも重要です。あなたはどのタイプですか？

① 鳴かぬなら　殺してしまえ　ホトトギス（織田信長）
② 鳴かぬなら　鳴かせてみよう　ホトトギス（豊臣秀吉）
③ 鳴かぬなら　鳴くまで待とう　ホトトギス（徳川家康）

特に答はありません。自由に選んでください。

ゲーム理論では、「協力ゲーム」と「非協力ゲーム」という言葉がよく使われます。

ホトトギスとの協力関係ということでは、家康が協力的、信長は徹底的に非協力的です。秀吉の場合は、非協力的な作戦で鳴かせることもあるでしょうし、「交渉」によって協力的に鳴かせることもあるのでしょうね。

「協力」「非協力」「交渉」などは、ゲーム理論の重要概念です。後で扱いますので、覚えておいてください。

 ゼロサムと非ゼロサム

ゲーム理論では、「ゼロサム（ゼロ和）」といった言葉もよく出てきます。ここで簡単に意味を理解しておきましょう。

問0-7（ゼロサム・ゼロ和）

　完全に飽和した市場で、市場全体は拡大も縮小もしないとします。

　そんな状況で、もしあなたのベンチャー企業の売上が増えたら、他社の売上は増えますか、減りますか？

　減りますね。両社の売上を足し合わせると、いつも一定だという市場です。あなたの側の売上が増えれば、増えた分だけ他社の売上が減ります。

　問題を単純化しすぎていますが、飽和した市場では、新規参入企業が現れることに対して、大手企業は常にビクビクしていることになります。完全に飽和した市場というのは架空のもので、実際の経済はこんなふうではありません。しかし、ジャンケンでもスポーツの試合でも、誰かが勝つと誰かが負けますね。それがゼロサムです。

　このように、誰かが勝つと誰かが負けるというゲームを「ゼロ和ゲーム」といいます。かつて『ゼロ・サム社会』（レスター・サロー著）という本がベストセラーになりました。高度成長期が終わった1980年に発行されました。

　経済がほとんど成長しなくなると、既存のパイをみんなが取り合って、競争が激しくなるだろうという見方を述べた本でした（パイというのは市場シェアのことで、円グラフを食べ物のパイに見立てた表現です）。

　この「ゼロサム」はゲーム理論の用語です。「和がゼロ」ということで、「プラス・マイナスが常に相殺される」という意味です。低成長下でゼロサム状態に近い現在は、ゲーム理論がますます重要になっているということでしょうね。

ゲーム理論の創始者

　ゲーム理論の創始者は、ジョン・フォン・ノイマン（1903－57）です。

　ノイマンは20世紀のダビンチのような人です。現代のコンピューターを「ノイマン型コンピューター」ということがありますが、彼の名前にちなんでいます。また量子力学などにも大きな貢献をし、数学者でかつ物理学者としても有名でした。

　ものすごい天才だ、宇宙人だ、と若いころから評判でした。暗算や記憶術など、たわいもない技を、後年までよく披露しました。

　23歳のとき、ゲーム理論に関する最初の発表を行いました。1926年のことでした。それを詳しくした論文が1928年に発行されています。

　当時、彼は「ゲゼルシャフツシュピール（社交遊戯）の理論」と名づけました。英語では「パーラー・ゲーム（室内遊戯）の理論」と訳されることが多いです。これが今日「ゲーム理論の基本定理」と呼ばれています。

　「ゲゼルシャフト」というと、日本人は教科書的で堅苦しい連想をしますが、交友やパーティといった意味があります（ただし、哲学者などが堅苦しい意味に使っている用例はあります）。

　ゲーム理論を本格的に体系化したのは、ずっと後でした。1944年にオスカー・モルゲンシュテルンという経済学者と共著で、『ゲームの理論と経済行動』という640ページ以上もある本を出版しました（邦訳は5分冊）。

　この本の批評として、「20世紀前半における最大の科学的業績の1つ」とか「ケインズの一般理論以来の最も重要な経済学の業績」などの賛辞が寄せられました。近年はゲーム理論分野でノーベル経済学賞

を受賞する人が増えました。

　ただし、ノイマンといえば、「悪の枢軸」のような科学者だとも評されます。コンピューターの業績は、他人のアイデアを自分だけの名で発表したものでした。

　ナチスに追われてアメリカに来たのを恨み、第2次世界大戦中は原爆の開発にも積極的に参加しました。骨肉腫で早死にしたのは、放射性物質をいじっていたからだともいわれます。

　ハンガリー生まれのユダヤ人という生い立ちが影響したのでしょう。ブダペストの生まれです。父は銀行家として成功し、貴族の称号を買いました。「フォン」がつくのは貴族を表す姓です。

　かつてゲーム理論分野では、いちいちフォンをつけることがほとんどでした。しかし理論のすそ野が広がるにつれて、そうしない人も増えています。

　作家のゲーテや指揮者のカラヤンにフォンをつけて呼ぶことは稀ですし、この本では単にノイマンと呼びます。なお名のほうは正式にはヨハンです。

第 **1** 部

ゲーム理論の基礎

「先読み」ができなければ
ゲームに勝てない

　勝負に勝つには、「先読み」ができなければなりません。これ
は非常に重要な能力です。相手がどんな手を打ってくるだろうか
を、あらかじめ推測します。そしてそれを考えに入れた上で、自
分が打つ手を決めます。

　難しく聞こえるかもしれませんが、要するに、「慎重に打つ手
を決める」のが大事だということです。

　どうやればうまく先読みできるかを、ゲーム理論が教えてくれ
ます。

1-1

相手の立場に立って考える

 自分のことだけ考えて行動を決めない

　ゲームには対戦相手がいます。自分だけではないのです。「相手の立場に立って考える」ということができなければなりません。社会で生きていくための基本的な考え方と同じですね。そんな大事な考え方だから「ケインズ以来の最も重要な経済学の業績」ともいわれるのでしょうね。

　自分がどうするかだけでなく、相手がどういう手で来るのかを考えることは、ゲームに勝つ上で大変重要です。そして、先読みの最も基本的な考え方は、「対戦相手も最善を尽くそうとする」ということです。

　あなたと同様、相手も常に自分に有利なようにふるまいます。敵の側が有利になるようにふるまってくれるわけではありません。

　それでは練習問題から始めましょう。

問1-1（先読みの基本問題）

　ごく簡単な問題です。お金をもらえるゲームをしましょう。

　あなたはＡさんです。相手はＢさんだとします。

　ルールは簡単です。まずあなたが「イエス」か「ノー」かを言います。図を見てください。あなたが「ノー」のときは、次にＢさんが「イエス」か「ノー」かを言うことができます。

　より詳しく見ると、あなたが「イエス」と言ったら、2人は1万円ずつもらって、ゲームは終わりです。そしてあなたが「ノー」のとき、Ｂさんが「イエス」と言ったら、Ｂさんだけが3万円もらえます。しかし、Ｂさんが「ノー」と言えば、2人とも2万円ずつもらえます。ただし、2人は協力し合わないとします。2人とも利己的なんです。

さあ、あなたは「イエス」か「ノー」のどちらを選びますか。

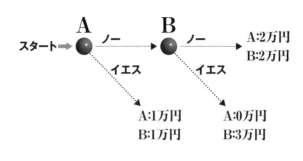

あなたは「イエス」を選ぶべきです。

図を見ていますか。やさしい問題ですが、図を見ないとわけがわかりませんよ。図で確かめながら、説明を読んでください。

もしあなたが「ノー」と言い、Bさんも「ノー」なら、あなたは2万円もらえます。それがあなたにとって最も得です。しかし、Bさんの立場に立ってみましょう。あなたが「ノー」と言ったとき、はたしてBさんも「ノー」と言ってくれるでしょうか。Bさんにとっては、「イエス」は3万円、「ノー」は2万円の価値です。だったら、Bさんは必ず「イエス」を選ぶはずなのです。

というわけで、あなたが最初に「ノー」と言えば、もうお金はもらえないでしょう。だから最初に「イエス」と言って、1万円もらうのが得です。このような先読みが、ゲームの基本です。

あなたにとって、もっと得な場合があったとしても、たいていは対戦相手が邪魔をします。だから最も得な場合を実現できません。

「本当に実現できる最大の利益」を得るのが基本です。

1-2

多段の先読み

プレイヤーは、知的で、利己的

　ゲーム理論の大前提は「相手がいる」ことです。プレイヤーは、無人島のロビンソン・クルーソーじゃありません。「社会性」が大事です。そして、「合理的」で「賢い」人たちの戦いです。これは非常に重要な前提です。いつも「知力」を出しきって、「最善」を尽くします。

　さらにシビアなのが、「利己的」という前提だといってよいでしょう。「自分の利益だけを追求する」のです。もちろんゲームの展開によっては、相手に利益を与えることもあります。ただそれも、「そのほうが自分の利益が増えるから」という場合に限られます。

　徹底的に合理的かつ利己的という仮定は、しばしば「現実に合わない」と批判されます。けれども、徹底的に合理的で利己的な理論をつくってみたら、結局「利他的」になることがあったりするのが、ゲーム理論のおもしろいところです。つまり、単なるエゴイストではなく、究極は「理知的でハートのある人間」がゲーム理論の目指す人間像なのです。

数手先を読む

　先読みは1段だけとは限りません。何段階も先読みすることがあります。囲碁、将棋、チェスなどの名人は、何手も先まで読んでいます。

　多段の先読みにおいて大事なことは、今述べたように「相手も合理的に考える」という前提です。相手も先読みします。いつもそれを忘れないでください。では次に、問1－1を変形した練習問題をやってみましょう。

問1-2（多段の先読みの練習）

　先ほどのゲームを少し変形しました。Bさんが「ノー」と言った場合、今度はあなたが最後に「イエス」か「ノー」かを選べるのです。

　「イエス」と言えば、あなたは2万円、Bさんも2万円です。

　「ノー」と言えば、あなたは3万円、Bさんは1万円です。

　さあ、あなたはいくらもらえるでしょう。2人は協力し合いませんよ。

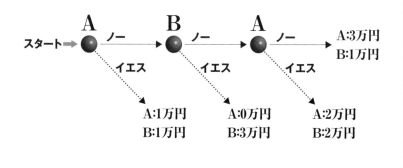

　最初に「イエス」と言い、1万円をもらう。これがベストの選択です。

　最終段から逆方向に考えていきます。最終段であなたは「ノー」と言うはずです。そうすれば3万円もらえて、利益が大きいからです。

　その時Bさんは1万円しかもらえません。したがって、2段目であるBさんの番のとき、Bさんはきっと「イエス」と言って、3万円を取るでしょう。すると、あなたがもらえるお金はなくなります。そうなるよりは最初に「イエス」と言って、1万円をもらうべきですね。

　相手も自分の得になるように、合理的で利己的に考えることがゲーム理論の大前提です。互いに頭のよい者同士の対戦です。ですから、相手の立場に立って考える習慣をつけなければ、ゲームに強くなれませんよ。

1-3

先読みの結果を「逆転」する

 「協力」「ペナルティ」などでゲームを有利にする

先読みした結果、自分が不利だとわかったとします。それを逆転する方法を考えるといったあたりから、よりゲーム理論らしさが出てきます。先読みは基本中の基本にすぎません。

先読みのさらに"その先"を考えられないことには、ゲームに強くなれません。それは「さらに高度な先読み」ということです。

たとえば問1－1や問1－2の場合に、あなたは結局1万円しかもらえないのでしょうか。もっとたくさんもらう方法はないのでしょうか。よく考えてみてください。

問1-3（相手と協力し合うとき）

問1－1と同じ図で考えます。あなたとBさんとが、1回ずつ「イエス」か「ノー」を言うのです。

ところが、あなたはゲームの前に一計を案じ、次のように提案しました。

「協力し合おうよ」

問1－1の結果、つまり「非協力」なら、2人は1万円ずつしか手に入れることができませんでした。しかし協力し合うなら、あなたは最初に「ノー」と言い、そして次にBさんが「ノー」と言うことで、2人は2万円ずつもらうことが可能です。

ところが、あなたはふと気になりました。

「Bさんが裏切らないだろうか」

　もしBさんが裏切って、Bさんの番のときに「イエス」と言ったら、Bさんは3万円を手に入れ、あなたは0円。大損です。さあ、どうすればよいでしょうか。

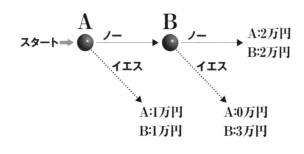

　Bさんが裏切らないように、たとえば、裏切りのペナルティ（罰則）をあらかじめ決めておけばいいでしょう。裏切ったら、Bさんは3万円を手に入れます。裏切らなければ、2万円です。したがって、裏切った場合、Bさんは2万円未満の金額しかもらえないように約束しておくのがよいです。

　このように「協力」や「ペナルティ」などを約束することによって、プレイヤーの利益が増加します。こういう作戦を組み合わせていくのが、現代のゲーム理論の考え方です。つまり、単なる利己主義ではないのです。相手も自分も得をするという考え方は、ゲーム理論の初歩の作戦、あるいは戦略的思考法というわけです。

交渉によりゲームの流れが変わる

ところで、何とか利益を増やそうと頭を使ってくるのは、あなただけではありません。相手も同じです。こちらが協力やペナルティを提案しても、先読みした結果から、相手も自分側に有利になるように「交渉」してくるのです。

問1-4（相手との交渉）

あなたが協力を申し出たところ、Bさんは思いました。

「Aさんとの交渉しだいで、もっと利益を得られるのではないか」

さて交渉の結果、Bさんはいくらまでもらえるでしょうか。

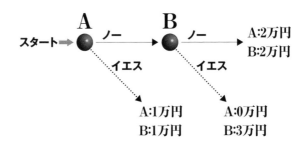

交渉によりBさんは、3万円ぎりぎりまでもらえます。

Bさんはこう考えます。Aさんの提案通りにBさんが協力したとすると、2人合わせて4万円もらえます。しかしBさんの協力なくしては、Aさんは頑張っても1万円しかもらえません。ですからAさんは、Bさんの協力が得られるのなら、たとえ取り分が1万円よりほんの少し多いだけでも、極端な例では1万＋1円でも、Bさんに協力を仰いだほうが得策なのです。

　したがってBさんはAさんに対して、３万円ぎりぎりまで自分の取り分を交渉できることになります。

 ## 実社会では取り分は力関係による

　交渉の結果は、実際にはいろいろな金額に決まります。互いの交渉力しだいということです。実地に何人かの人たちで実験してみると、２万円ずつに落ち着く人たちが多いでしょう。「公平」という原則を重視したというわけです。

　一方、Bさんがよほど弱気なら、あなたが２万円より多い金額を取れないということはありません。「くれなければ、最初にイエスと言う」と脅すわけです。こういう「脅し」作戦もゲーム理論で扱います。

　また、協力したり交渉したりしたからこそ、「何もしなかったときより、ましになった」という考え方も大事です。ノーベル経済学賞クラスの人たちの理論に従えば、そういう考え方こそ学ぶべきで、極端に貪欲になることは、ゲーム理論の教えるところではありません。

 ## 答えは１つではない

　それから大事なことをもう１つ付け加えておきましょう。ゲーム理論は数学や論理の１分野ですが、「正解が１つに決まるとは限りません」。正解がいくつもあるかもしれない科学なんです。つまり、「多様の時代」を考える科学だということです。

　これまでの自然科学では、正解が１つしかないというのが当たり前でした。しかし、もっと新しいスタイルの科学として、ゲーム理論は発展し続けています。

　とにもかくにも、協力し合ったり、交渉し合ったり、相手のある科学です。相手がいるからこそ、よく考えて対戦しなければならないのです。

1-4

「先読み」の実戦練習

 詰め将棋でみる先読み

　読者の皆様がきちんと「先読み」できるようになったか、確認のためにパズル的な例題をいくつかやっておきましょう。パズルですので、解けなくても結構です。楽しんでみてください。

問1-5（詰め将棋）

　詰め将棋に挑戦してみましょう。3手詰めです。あなたから指します。

　将棋のルールを知らない人もいるでしょうし、飛ばしてもかまいません。気分転換のゲームです。

　正解は「2二飛、1三玉、2三飛成り」ですね。

　詰め将棋では、毎回、王手をかけ続けるという決まりになっています。相手の玉の逃げ場が1つしかないようにしましょう。最初の手は、金将で王手か、飛車で王手かです。しかし金で王手をかけても討ち死にするだけです。

　したがって、飛車で王手です。2二に指したとき、玉は1ヵ所に追い詰められます。次に飛車を2三成りとしたとき、玉は行き場がなくなります。

ゲーム理論が核戦争を回避する

　スケールの大きな、国家間のゲームも見てみることにしましょう。

問1-6（戦争の危機）

　A国は、B国の端にある孤島を侵略したいとねらっています。A国が考えた結果、侵略のもたらす利益や損失は、図のとおりになりました。

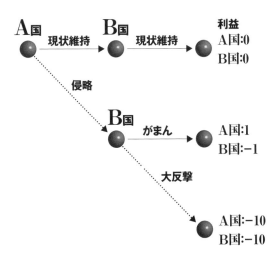

　こんな図を「ゲームの木」とか「樹状図」といいます。

現状維持のままなら、双方とも利益も損失もなしです。一方、侵略を
しかけて、相手ががまんすれば、Ａ国には利益1、Ｂ国にはその分の損
失1が出ます。
　ところが、Ｂ国が大反撃に出て、全面戦争になれば、双方ともに損失
が10です。そこでＡ国は考えました。

　「Ｂ国にとっては、小さな島を取られるよりも、戦争の損失のほうが
大きい。だから侵略されても、Ｂ国はがまんするほうを選ぶはずだ。
よし、侵略しよう！」

　さあ、Ｂ国はピンチです。どうすれば逆転できるでしょうか。

　Ｂ国としては、被害の大小を問わず、「侵略されれば、必ず大反撃す
る」と先に声明を出しておくなどの対応が有効でしょう。大反撃しか選
ばないとして、がまんするという選択肢をなくせば、Ａ国の侵略は必ず
Ｂ国の「大反撃」を招き、両国に大被害をもたらすことになるので、Ａ
国側も現状維持を選ばざるをえません。これは戦争における常套的な対
処法です。
　庶民にとって、戦争の決断というのは現実味がなくて、パズルみたい
なものです。しかし、国のレベルでは、このような決断が歴史上、何度
も繰り返されてきました。非常に有名な事例は、いわゆる「キューバ危
機」です。
　1962年、旧ソ連が突如、キューバにミサイル基地を建設し始めまし
た。アメリカの首都ワシントンも射程圏内というたいへんな事態です。
この時ケネディ大統領は敢然と「全面戦争もやむなし」とする対抗策を
とりました。つまり「侵略されれば、必ず大反撃する」という「瀬戸際
戦略」型の対処法をとったのです。
　もちろん、現実の政治ですから、水面下でさまざまな交渉が行われま
した。トルコにあるアメリカ側のミサイルの撤去などで譲歩して、双方
ともに収まりがつきました。ただ問題を分解していくと、最も重要だっ

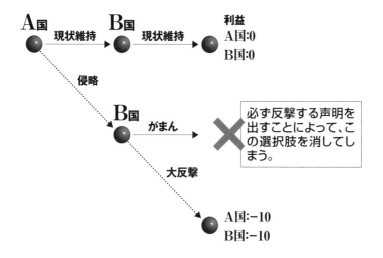

たのは、こんなゲーム理論的考え方だったというわけです。

 ## 軍拡を招いたのもゲーム理論？

　大反撃するという脅しが成立するためには、「自国の戦力も大きい」という条件が必要です。これが、戦力は「戦争の抑止力」になるという考え方です。この考え方に従って、しばしば軍拡競争が繰り広げられてきました。「核抑止力」という言葉さえ使われてきました。

　たとえば、広島と長崎に落とされた原爆は、悪魔のような科学者たちが開発したわけではありません。「戦争を終わらせるために」という理由で、普通の科学者たちがたくさん開発に参加しました。

「戦いの論理」は矛盾に満ちたものです。「戦争を終わらせるためなら、原爆を使ってもよい」という論理が成り立つのかどうか、誰しも首をひねるでしょう。ゲーム理論は、そういう矛盾と真正面から向き合いながら、「何が合理的か？」を考えている科学だといえるでしょう。

先読みで破滅を防ぐ

　世の中には、先読みができたことにより命拾いすることも多々あります。パズル的な問題を1問だけやっておきましょう。

問1-7（1万円札の競売）

　1枚の1万円札を競売にかけます。値打ちは——もちろんちょうど1万円です。最も高値をつけた人が、その金額を支払って競り落とせます。ただし2番目の高値をつけた人には、ペナルティがあります。つけた値だけの金額を払わなければならないのです。

　あなたはたくさんの人たちの中に混じっています。さて、この競売には、どんな作戦で臨めばよいでしょうか。

　あなたがこの競売の結果を先読みできれば、どうすればいいかすぐにわかりますね。正解は「参加しない」です。なぜ参加してはいけないのでしょう。それは、この1万円がいくらで落札されるのかを逆算して考えると明らかです。

　何円くらいで競り落とせると思いますか。5000円くらい？　いえいえ、とんでもありません。誰かと競り合って、5000円まで来たとしましょう。そこで競り落とせるでしょうか。そこで終れば、競り合っている相手は、自分のつけた金額だけ丸損です。だって「2番目の高値をつけた人は、つけた値だけの金額を払わなければならない」のですから。だからその人は、5000円よりさらに高い値をつけて、あなたに勝とうとしてくるでしょう。だったら、あなたはさらに高い値段をつけなければならなくなります。よって、5000円では競り落とせません。

　では、1万円ぎりぎりなら競り落とせるでしょうか。実はそれもノーです。たとえば100円刻みで考えて、あなたが9900円をつけたとします。競争相手は9800円です。相手はそこであきらめますか。いいえ、9800円を丸損するよりは、1万円の値づけをして、あなたが9900円の損になる

ようにするでしょう。だったら、あなたは１万100円をつけるしかなく
なります。それで競り落とせば100円の損ですが、9900円の損よりはま
しでしょう。

　しかし、まだまだ果てしない泥仕合の幕開けにすぎません。５万円、
５万100円、５万200円……といくらでも損失は膨らみ続けるのです。こ
のような先読みの結果、この競売には参加しないのが賢明です。

　ゲームでは「常識はずれな展開が起こりうる」と気づいていただけま
したでしょうか？　先読みすればするほど、妙なことが起こる場合がな
いではありません。それはゲームのルールの設定のしかたにもよりま
す。しかし、ゲームのルールを変えようもない状況も多いのです。そう
いう「矛盾」に気づかせてくれたこともゲーム理論の大きな効用です。
「人間社会の矛盾に対処する」というのが、ゲーム理論の大テーマの１
つです。以下の章では、矛盾なく勝てる場合とともに、矛盾が出てどう
しようもない場合も、さまざまに解説していきます。

碁や将棋は先手必勝か？

　一方が勝ち、他方が負けるというゲームは多いです。

　サイコロを振るなどの確率現象を用いず、トランプゲームなどのように情報を隠さない、という前提のゲームを考えましょう。引き分けもないとします。その場合、おもしろいことがわかっています。

　そんなゲームでは、プレイヤーのうちのどちらか一方が、「必勝」だと数学で証明できるのです。

　どういう意味で必勝かというと、「試合をする前から、勝負は決まっている」という意味です。たとえば「先手必勝」だと証明できたなら、先手か後手かを決めれば、その先は実はもう戦う必要はありません。

　これは「非常に頭がよくて、完全に先読みできる対戦者」の場合に成り立つ理論です。ザル碁、ヘボ将棋のレベルではありません。囲碁・将棋の名人戦の域さえはるかに超えています。いわば〝想像上の理想の対戦〟というわけです。

　証明は意外に簡単です。「必勝法はない」と反対の結論を仮定して（背理法です）、第1手目の打ち方をすべて並べあげます。するとそれらから先も必勝ではないはずです（もし必勝なら、その手を最初に打てば、結局、第1手目が必勝になりますから）。

　後はこの繰り返しを考えるだけです。終盤までいっても、必勝でないはずですが、実は詰め将棋のように必勝の状態が出てきます（つまり背理法で矛盾が出るということです）。

　この証明を考えたのは、ドイツのエルンスト・ツェルメロという数学者でした。1912年に発表しているので、ノイマンより早いです。ツェルメロは集合論の体系化で有名です。

　では実際には、将棋や囲碁では、先手と後手のどちらが必勝なので

しょうか。それはまだわかっていません。あるいはひょっとすると、人類には突き止めることができないかもしれません。

　たとえば囲碁の場合、宇宙にある全物質を使って、数えきれないほどのスーパーコンピューターを作ったとします。それで計算したとしても、地球の寿命があるうちには、計算が終わらないでしょう。それほど多くの手を調べないといけないのです。

　人間のチャンピオンに勝てる程度のコンピューターを作るほうが、ずっと簡単です。チェスでは、すでに1997年に、コンピューターが人間の世界チャンピオンを破りました。やがて、囲碁や将棋などさまざまなゲームで、コンピューターのほうが圧倒的に強くなってしまうでしょう。

「負け」を減らして勝つ
ミニマックス戦略

　ゲームの初心者は、勝とうとばかりします。しかし本当に大事なのは、「負けたときの損失を減らす」ことなのです。難しい言葉を使うと、「ミニマックス戦略」となります。

　「マックス（最大）の損失をミニ（最小）にする」というのが、ミニマックス戦略の考え方です。つまり、できるだけ負けを減らす、敗北の被害を少なくすることが、ゲーム理論で最も重要な極意です。

　そうしたほうが、結局は得られる利益が大きいということです。

2-1

ミニマックス戦略とは？

勝とうとするより、負けないようにする

　ゲームでは「マックス（最大）の損失をミニ（最小）にする」という考え方が大事です。それが「ミニマックス戦略」です。

　損失を減らすという方針は、兼好法師の『徒然草』の第百十段にも出てきます。吉田兼好が言ったのではなく、当時の双六の名人が言った言葉です。つまり当時のギャンブラーの考え方でした。

「勝たんと打つべからず、負けじと打つべきなり」

　というのが、その言葉です。勝とうとするよりも、負けないでおこうとするべきだという意味です。それが道理だ、と兼好は感心しています。

　消極的だと思いますか？　ミニマックス戦略は、使わなくてよいときもありますが、使ったほうがよいときが非常に多いのです。相手側が、「あなたの最大の利益を最小にしよう」（これも「ミニマックス戦略」ですね）という戦いを挑んできたときは、通常はミニマックス戦略で対抗します。「誰かが勝つと、誰かが負ける」という状況では、最も基本的な戦い方です。だから、双六のギャンブルでも、名人が使っていたのです。

ゼロサムゲームに効果的なミニマックス戦略

　ミニマックス戦略を使う典型的な状況は、「利益と損失が、相手とちょうど相殺して、差し引き0になってしまう」場合です。それを、「ゼロサムゲーム」あるいは「ゼロ和ゲーム」といいます。大事ですから、よく覚えてください。

少し例を説明しましょう。ゼロサムは、多くのゲームにおける非常に典型的な状況です。たとえば、通常の「対戦型スポーツ」は、一方が勝てば、他方は負けです。ゼロサムゲームと呼ぶゲームの一種です。野球などで、得点数はいくらでも上げられますが、ゲーム差という考え方はゼロサムの世界です。

また、株価が上がったり下がったりを繰り返し、結局、平均株価が変わらない状況の「株式市場」は、ゼロサム状態です。というのは、誰かがもうけたら、その分だけ誰かが損をするからです。損した人から得した人へ、お金が移動しているだけです。

一方、通常の市場経済は、かならずしもゼロサム的状況とは限りません。双方が努力すれば、双方ともに利益が増える場合が多いからです。それでも、ミニマックス戦略の考え方は、市場経済にも十分使うことが可能です。

問2-1 （ミニマックスを使う）

AさんとBさんとが戦います。あなたはAさんです。両方とも、「速攻」作戦と「遅攻」作戦のどちらかを選べます。表には、その時のあなたの利益を示しました。

A＼B	速 攻	遅 攻
速 攻	1	2
遅 攻	−1	3

なお、あなたにとっての利益は、Ｂさんにとって損失です。またマイナスがついているのは損失ですよ。たとえば、あなたとＢさんとがともに速攻なら、あなたは１の利益を得られ、Ｂさんは損失１です。一方、あなたが遅攻で、Ｂさんが速攻なら、あなたは損失１で、Ｂさんは利益１です。わかりますね。

　さあ、あなたは「速攻」と「遅攻」のどちらを選びますか。

　ミニマックス戦略で考えると、「速攻」を選ぶべきです。

　あなたにとって最も大きな利益は３です。それは、あなたもＢさんも遅攻の場合です。しかし、表をよく見てください。各行とも、Ｂさんの側は、速攻を選んだほうが、いつもあなたの利益を少なくできているでしょう（第１行目は、１＜２で速攻がＢさんに有利、第２行目も、－１＜３で速攻がＢさんに有利です）。それだけＢさんにとっては、速攻が有利だということです。

　だから、Ｂさんは必ず速攻を選びます。だとすると、あなたも速攻を選んで、利益「１」でがまんすべきです。この考え方を理解することが大事です。よくわからなかった人は、もう一度、表を見て、今のうちによく考え直してくださいね。

　この問題が教えているのは、「敵も自分の利益を最大にしようと考えている」ということです。その結果あなたも「損失を少なくする手」を選ばざるをえなくなります。そうせざるをえないのです。この考え方がくれぐれも重要です。

　自分にとって最も有利な手は、なかなか使わせてもらえないのが、ゼロサムの世の中というものなのです。

ミニマックス戦略がすべてというわけではない

　ミニマックス戦略は大事な考え方ですが、すべての場合においてこれを貫けばいいというわけでは、もちろんありません。わざわざ使うことはないだろうという状況も、当然あります。

少し話が横道にそれますが、次の質問について考えてみてください。

問2-2 （消極的がよいか）

　恋愛において、好きな異性にアタックできない人は多いものです。内気でひっこみ思案な人です。あるいはフラれるのが習慣化している人もいるでしょう。

　では、次のどちらのほうが、ゲーム理論的に優れた作戦でしょうか。

　①フラれて心が傷つくよりも、遠くからそっと見つめているほうがよい。
　②アタックしてフラれるほうが、何もしないよりはましである。

　ミニマックス戦略で考えると①が正解のような気がしますが、著者としては、「②アタックしてフラれるほうが、何もしないよりはましである」を正解にしたいところです。

　イギリスの大詩人アルフレッド・テニソンも、このように考えたそうです。また、「下手な鉄砲も数撃ちゃ当たる」という日本のことわざもありますね。

　年ごろの独身者が異性に声をかけたとしても、一般に相手は「声をかけた側の利益を減らそう」という態度で攻撃してくるわけではありません。フッたとしても、相手の考え方では「利益も損失も０」に近いあたりのつもりでしょう。一生独身で過ごすのが好みでなければ、ゲーム理論的には、とりあえず声だけでもかけてみることをお勧めします。それでフラれたら、さっさと次の候補を探すことです。

　ただ、中には性格が悪い異性がいて、フッたことを言いふらす人などもいますが……。それで心が傷つきたくなければ、最初は肩ひじ張らない、さりげない誘いくらいから入っていきましょう。

2-2

「優位な手」を探す

 優位な手がわかれば問題を整理できる

「ミニマックス」はとても大事な標語です。「ミニマックス、ミニマックス……」と心がけていると、ゲームの極意が自然に身についてきます。なんといっても『徒然草』の時代から、いつも極意だったんですから。もう少し、このミニマックス戦略について見てみることにしましょう。

問2-3（優位な手）

あなたはAさんで、相手のプレイヤーはBさんです。あなたの取るべき手は「a1 a2 a3」で、Bさんの取るべき手は「b1 b2 b3」です。

あなたは、表のどの手を選びますか。ちょっとややこしいですね。

A \ B	b1	b2	b3
a1	2	−1	0
a2	3	1	2
a3	4	−2	−3

　この場合あなたはa2を選ぶべきです。なぜなら、a2がミニマックスな手です。Bさんがあなたの利益を減らそうとしても、少なくとも1の利益が得られます。しかし、a1では利益－1（つまり損失1）、a3では利益－3（損失3）にされてしまいます。

　では説明しましょう。表をよく見ていただくと、a1という手の利益は、a2という手の利益より、いつも少なくなっています。この2行で、上下をよく見比べてください。

　こんなとき、a2はa1よりいつでも有利ですから、「優位な手」といいます。だから、a1の行を削って、下の表で考えてもよかったのです。このようにして、問題を整理しながら考えるのが大事ですよ。

A＼B	b1	b2	b3
a2	3	1	2
a3	4	−2	−3

　またこの問題で、Bさんの立場はあなたと逆です。数字が小さい手を選ぶほどいいです。Bさん側からいうと、b1よりもb2のほうが「優位な手」です。わかりますか。ですから、この表はさらに小さくできて、下記のようになります。

A＼B	b2	b3
a2	1	2
a3	−2	−3

さあもう一度、前ページの表を見てみましょう。あなたの側から見るんです。どちらが優位な手ですか。

　a2の利益が、a3よりいつも大きいでしょう。1は−2より大きく、2は−3より大きいですね。負数との比較ですので、間違えないようにしてください。よってa2が優位な手ですね。表はさらに小さくなって下記のようになります。

A＼B	b2	b3
a2	1	2

　最後にBさん側から見てみましょう。Aさんの利益を減らすためには、b2のほうが優位な手ですね。よって、表はうんと小さくなってしまいます。結局、あなたがa2という手を選び、Bさんがb2という手を選んで、あなたが利益1で勝ちというわけでした。

A＼B	b2
a2	1

　このようにして、優位でない手を交互に消していくと、ゲームの勝ち負けがわかります。難しくありませんね。表の見方には慣れてくださいよ。

　なお、他のすべての手より優位な場合、「絶対優位」ということがいえます。最強の手ですね。この言葉も覚えておきましょう。

問2-4 〈優位でない手を消す〉

問2-1で使った表で、優位でない手を消していってください。

A＼B	速 攻	遅 攻
速 攻	1	2
遅 攻	−1	3

　Aさん側から考え始めても、どちらの手が優位かわかりませんでした。この問題では、Bさん側から考えないといけなかったのです。できなかった人は注意してください。Bさん側から始めて下記のようになります。

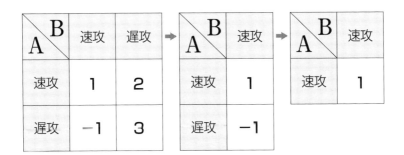

　このような問題を解いていると、「相手の立場に立って考える」という習慣が、少し身についてきたのではないでしょうか。ゲーム巧者になる基本です。よい傾向だと思います。表の見方なんてやさしいですよね。

2-3

優位な手が存在しない場合

 いつも「優位な手」があれば苦労しないが……

　すべてのゲームに「優位」な手が存在するとよいのですが、必ずしも
そうとは限りません。時にはどの手よりも優れた「絶対優位」な手が存
在する問題もあれば、一方、どの手も優位でない場合もあります。

問2-5 〔優位な手が存在するか〕

　下の表の場合、優位な手が存在するでしょうか。

A ＼ B	速攻	遅攻
速攻	1	3
遅攻	4	2

　優位な手は存在しません。ただし、あなたが打つべき手は決まります
ね。「ミニマックスな手」は、遅攻です。あなたの側の利益を減らされ
たとしても、少なくとも利益2を確保できるからです。

　これまでの問題で優位な手がうまい具合に存在していたのは、わざと

そんなふうに利益の表を決めたからです。実際のゲームの場合、優位な手など存在しないのが普通です。そして、優位な手が存在しないからこそ、「かけひき」や「作戦」が重要になってきます。実はそのあたりから、ゲーム理論が本領を発揮し始めるのです。

問2-6（バッターとピッチャー）

あなたは野球のバッターです。敵方のピッチャーは「直球」と「変化球」を使い分けます。

あなたが、次の球は「直球と予想」した場合、もしそのとおりだと80％の確率で打ち返せます。しかし変化球が来たら、打てる確率は0％です。また、あなたが、次は「変化球と予想」して、直球が来たら10％、変化球が来たら30％の確率で打ち返せます。以上をまとめたのが下の表です。

では、あなた（バッター）に優位な手が存在しますか。

ピッチャー／バッター	直球を投げる	変化球を投げる
直球と予想	80％	0％
変化球と予想	10％	30％

ここにも優位な手は存在しません。ただし、ミニマックスな手は「変化球と予想」ですね。もうよくわかるようになったことでしょう。

得意手のつぶし合いは、ゲームの常

　自分にとって最良の手は他にあるのに、相手が邪魔をするからその手を使えない、というような状況は、「実際のゲーム」の様子をかなりよく表しています。簡単化していますが、なかなか実感がこもっているということです。

　自分がある手を使おうとすると、相手はそれを防ぎます。それがゲームの世界です。たとえばバッターが変化球ばかり予想していると、ピッチャーは直球ばかり投げて、バッターの打率を下げます。なぜなら、変化球ばかり投げると、打率が３割になってしまいますが、直球ばかり投げていれば、打率を１割に抑えられるからです。

　しかし、もしピッチャーが直球ばかり投げているのなら、たまに「直球と予想」したら、その時は８割の確率で打ち返せます。そのほうが初歩的なミニマックス戦略よりよさそうですね。

　つまり、後の説明でわかってきますが、初歩的なミニマックス戦略は、ひどく"弱気"だということです。「相手がああしたら、自分はこうする」などのかけひきが、本当はとても重要なんです。そのあたりの作戦を考えなければなりません。それが本格的なゲーム理論です。

2-4

高級なミニマックス「確率戦略」

一定の確率で異なる行動をとる

いつも決まった行動をとることを「純粋戦略」といいます。

一方、「3回に1回はこうしよう」という具合に、「△回に△回の確率で△△しよう」と確率的に行動することを「混合戦略」といいます。

いずれも専門用語ですが、やや野暮ったいです。ここでは後者を「確率戦略」と呼ぶことにします。

前節の問2-6（バッターとピッチャー）の場合、バッターの初歩的なミニマックス戦略は、がまんして変化球と予想し続けなさい、という結論でした。それに対して、「確率的な行動をとると、もっとうまくいくよ」というのがゲーム理論の極意です。これが、ノイマンが証明した「ゲーム理論の基本定理」です。

少々楽しみですね。よく考えると常識通りのことなのですが、非常にうまくいく方法です。しかも理論の力によって「最適」の場合を見つけることができます。

問2-7 （確率的な行動）

前問と同じ対戦です。ただし、バッター（あなた）とピッチャーは、直球、変化球をちょうど半々の確率で使い分けるとします。
あなたの打率はいくらになりますか。

ピッチャー / バッター	直球を投げる	変化球を投げる
直球と予想	80%	0%
変化球と予想	10%	30%

打率は「3割」になります。表の各マス目が4分の1ずつの確率です。

（80%＋0%＋10%＋30%）÷4＝120%÷4＝30%

という計算になりますね。

半々の確率でいこうというのは、ごく常識的な考え方です。すると、打率が3割にアップしました。しかしそんなに打率が高くては、ピッチャーの誇りに傷がつきます。

ピッチャー側から考えると、何か対策を立てる必要があります。

問2-8（ピッチャー側の対策）

バッターは直球と変化球を半々の確率で予想します。では、ピッチャーはどのような球を投げれば、バッターの打率を今より抑えることができるでしょうか？

バッター ＼ ピッチャー	直球を投げる	変化球を投げる
直球と予想	80%	0%
変化球と予想	10%	30%

　ピッチャーは、変化球ばかり投げることで、バッターの打率を1割5分に抑えられます。

　表の各マス目のうち、右側の列だけを使いますので、次のような計算になります。

$$(0\% + 30\%) \div 2 = 15\%$$

　さて、再びバッターの立場に立って考えてみましょう。打率が半減してしまいました。確率戦略を使わない最も弱気な場合（10%）よりは高いですが、こんな打率ではチームのスターになれません。

　バッターがこれに対抗する作戦としては、すべて「変化球と予想」することです。そうすれば打率が3割に復帰できます（ピッチャーは変化球ばかり投げてきてるんですからね）。けれども、やがてピッチャーがそれに気づいて、直球ばかり投げ始めると、今度は打率が1割に下がってしまいます。

　さあ、なかなか難しいかけひきですね。

さて、バッター側の予想を、直球と変化球について３：７にしてみます。すると打率はどうなるでしょうか。これは高級な問題です。

ピッチャー／バッター	直球を投げる	変化球を投げる
直球と予想	80%	0%
変化球と予想	10%	30%

答は、２割１分です。

まずピッチャーが直球ばかり投げたとしましょう。バッターの打率は次のとおりです。

$$80\% \times 0.3 + 10\% \times 0.7 = 24\% + 7\% = 31\%$$

次にピッチャーが変化球ばかり投げたとしましょう。バッターの打率は次のとおりです。

$$0\% \times 0.3 + 30\% \times 0.7 = 21\%$$

　ピッチャーが、直球と変化球をいろいろに投げ分けると、バッターの打率は上記の間のどこかになるはずです。直球を多くすれば31％に近づきますし、変化球を多くすれば21％に近づきます。

　結局、変化球ばかり投げて打率を2割1分に抑えるのが得策です。

　さて、問2－8と問2－9を見比べてください。問2－8では打率1割5分、問2－9では打率2割1分になりました。その差が、バッター側が予想確率を変えることによって達成された"利益"ですね。

　このように、「確率的な行動をうまく行う」と、同じ実力でも、目に見えて成績を向上させることができます。ゲーム下手かゲーム上手かの差が、ここで明確に出てきましたよ。

 ## 最適な確率はどこにある？

　それでは、いったいバッター側は、どこまで打率を向上させることができるのでしょうか？　それがもっとも知りたいことですね。

問2-10（バッター側の最適確率）

　バッター側は予想を、直球と変化球について1：4にしました。すると打率はどうなるでしょうか。

ピッチャー／バッター	直球を投げる	変化球を投げる
直球と予想	80%	0%
変化球と予想	10%	30%

打率は2割4分になります。

バッターは、2割の確率で直球と予想し、8割の確率で変化球と予想します。

では、ピッチャーが直球ばかり投げたとしましょう。バッターの打率は、

$$80\% \times 0.2 + 10\% \times 0.8 = 16\% + 8\% = 24\%$$

一方、ピッチャーが変化球ばかり投げたとしましょう。バッターの打率は、

$$0\% \times 0.2 + 30\% \times 0.8 = 24\%$$

実は、ピッチャーが直球と変化球をいろいろに投げ分けても、バッターの打率は上記の値で一定になります。直球を多くしても24%、変化球を多くしても24%です。結局、バッターの作戦は大成功です。打率は2割4分で安定しました！

これが「ゲーム理論の基本定理」です。天才ノイマンが20代のときに求めた結果です。理論的に「最適な作戦」だと保証されています。バッターの実力が、この表のようなものである場合、ピッチャーがどう戦っても、打率は2割4分が最適になります。

この値の求め方は簡単ですね。ピッチャー側に立って、直球ばかり投げた場合の打率と、変化球ばかり投げた場合の打率を、「等しくする」というのが基本的な考え方です。

方程式を使うのが得意な人は、そんな計算を簡単にやってのけるでしょう。方程式など苦手な人は、電卓を使って何度か計算しながら、確率を微調整していけばよいでしょう。

2-5

最適確率を探せ

 どうにも動かない値が最適確率

「相手の作戦にかかわらず一定」に持ち込むというのが、確率戦略の基本です。この表現がいちばん覚えやすいでしょう。

問2-11（ピッチャー側の最適確率）

応用問題です。あなたがピッチャーだったとしましょう。直球と変化球をどんな割合で投げ分けますか。

バッター　ピッチャー	直球を投げる	変化球を投げる
直球と予想	80%	0%
変化球と予想	10%	30%

直球：変化球＝３：７です。こうすれば打率は２割４分になります。

　割合をいろいろ変えてみてください。たとえば２：８だと、バッターの予想のそれぞれに対して、

直球予想：80%×0.2＋0%×0.8＝16%
変化球予想：10%×0.2＋30%×0.8＝26%

　となります。バッターは変化球ばかり予想して、2割6分の打率をねらえます。

　一方、たとえば４：６だと、バッターの予想のそれぞれに対して、

直球予想：80%×0.4＋0%×0.6＝32%
変化球予想：10%×0.4＋30%×0.6＝22%

　となります。バッターは直球ばかり予想して、３割２分の打率をねらえます。

　そして３：７の場合には、

直球予想：80%×0.3＋0%×0.7＝24%
変化球予想：10%×0.3＋30%×0.7＝24%

　となって安定します。もうバッターがどうしようと、打率は変化しません。

　なお、図を描いて、これらの答を求める方法があります。バッター側から見たときの図を、描いてみました。ピッチャー側からも同様に描くことができます。電卓をたたいて試行錯誤せずにすみます。

　要するに、相手の出方にかかわらず、自分の打率がもう下がらないようにするのが大事だということです。

　興味深いことというか、当然のことというか、バッター側から計算した最適打率は２割４分でしたが（問２−10です）、ピッチャー側から計算した最適打率も２割４分でした（問２−11です）。それらはちょうど一致しました。

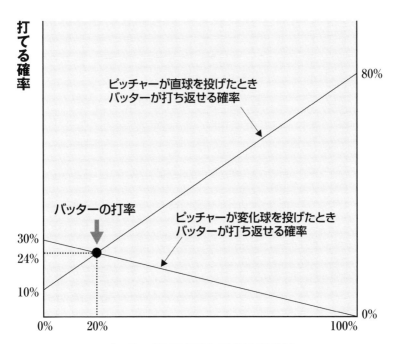

バッター側が直球と予想する割合

　このように、どちらから計算しても一致するのが、理論のすごさというか、矛盾のなさです。どうたたいても、ほころびを見せないわけです。バッター側から見たとき、この最適の打ち分け方から離れていくと、ピッチャーの配球が下手な場合、打率が上がります……。ところが、最適の打ち分け方の場合は、打率が上がらないのです。

　しかもよく考えてみると、最適打率は、最低打率でもあります……。ピッチャーの配球がうんと下手なら、自分としては実は最低打率なのです。その点で、ミニマックス戦略だというわけです。

しかしゲーム理論では、ピッチャーも最善を尽くしていると考えます。ピッチャーが最善を尽くした場合、その打率は「最高打率」だと考えられるのです。

ちょっとややこしいですが、ここ以前のいくつかの問題を見直してみてください。

得意技は使えないという法則

なお、先ほども少し触れましたが、現実問題として重要なのが、敵側から見ると、「得意な手は相手になるべく使わせない」という作戦です。それがこの確率戦略から見えてきます。

バッターが直球を予想し、ピッチャーも直球を投げると、打率が8割にも達します。

ところが、直球の予想については、結局、バッターは2割の確率でしか使えないのです。またピッチャー側も、3割の確率でしか直球を投げてきません。

同様のことは、他のスポーツでも起こります。右パンチの強いボクサーは、右手をなかなか使わせてもらえません。サッカーにおいても、スター級のフォワードはいつもぴったりマークされます。

逆に苦手な部分は徹底的に攻められます。バックハンドが苦手なテニスのプレイヤーは、いつもバックをねらわれるでしょう。野球でも、バッターの苦手なゾーンに配球するのが常道ですね。

ではたとえば、もしもテニスのバックハンドがだんだん上達してきたら、何が起こるでしょうか。正解は「バックハンドを攻められる確率が低下する」です。

得意になってくるほど、使う確率が低くなるという"不条理"が起こります。ゲームでの特有の現象ですね。

予測を間違えたほうが打率が上がる？

そして、さらにもっと興味深い不条理さがあります。それは理論のほころびではなくて、「現実側の不条理さ」です。

　すでに見たように、問2－11の結果、ピッチャー側は

直球：変化球＝3：7

で投げるのが最適でした。
　一方、問2－10の結果、バッター側は

直球：変化球＝2：8

と予測して打つのが最適でした。
　この最適勝負の際、ピッチャーは本当に3：7の割合で投げ分けます。しかし、バッターは3：7で予想してはいけない（！）のです。むしろ2：8で予想すべきで、それが最適です。
　このように、「バッターが間違った予想をすると、打率が最高になる」というのが、ゲーム理論が教える不条理さです。
　つまり、「予想というのは、ピタリと正しいのが最高というわけではない」と教えているわけです。
　予想が多少違っていても、そのほうが結果がよいことがあります。不思議ですね。そんな奇妙な世界が、ゲーム理論によって見えてくるというわけです。

馬の鞍形がいい

　この章では、ノイマンの「ゲーム理論の基本定理」の使い方を、他の本と異なる方法で説明しました。この説明が最もわかりやすいだろうと思います。

　一般に、ゼロサムゲームを2人で行うと、自分の側は利益をなるべく多くしようとします。しかし相手側は、こちらの利益をなるべく減らそうとします。

　それを図に描くと、馬の鞍によく似た形になります。自分側はカーブの上方へ行こうとし、相手側はカーブの下方へ押しとどめようとして、釣り合いのとれた位置が、馬の鞍のちょうど座る部分です。

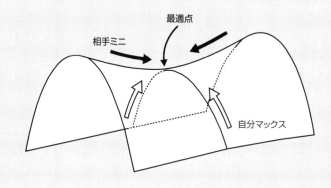

　カーブを上方へ行こうとするのが、「マックス」の動きです。そして、それを下方へ押しとどめようとするのが、「ミニ」の動きです。

　合わせて「ミニマックス」が馬の鞍形というわけですね。

　この理論は、ノイマン以前に、確率論の大家エミール・ボレルも気づいていましたが、成り立たないかもしれないと予想しました。また統計学の大家ロナルド・フィッシャーは簡単な場合だけを証明しました。そして完全な形で証明したのが若いノイマンでした。

　なお、専門用語は、表現が下手なことがあるので、この本ではときどき言い換えています。「混合戦略」はあまりうまい表現とは思えないので、「確率戦略」と言い換えました。

　その他の用語を少し補足しておくと、ゲーム理論の基本定理は、「2人ゼロ和ゲーム」といわれるゲームに関する成果です。

　敵側から見たときに「ミニマックス戦略」といい、自分側から見たときには「マキシミン戦略」ということがあります。「利益の最小値を最大化する」という意味です。そして両方をまとめて「ミニマックス戦略」といいます。

　またゲーム理論では、「戦略（ストラテジー）」という堅苦しい用語を使うのが普通です。「戦術（タクティクス）」や「作戦（オペレーション）」に比べると、大げさな感じを与える言葉です。

　ミニマックス戦略などは、戦略という単語がくっついて定着していますので、この本ではそれに従っています。けれどもそれ以外は、なるべく「作戦」という軽い言葉を使うようにしています。

　そのほかにも、なるべく日常用語に近くして、親しみやすく表現しています。「利益」を「利得」や「効用」と言い換えなくても、特に問題ありませんしね。

　「インセンティブ」とは目の前にぶら下げたごほうびのこと。「コミットメント」とは、事前に約束しておくこと。なるべくわかりにくい言葉を選んでハクをつけようとするのは、学者の習性です。この本はそれと逆のやり方で、実質を求めるという作戦をとりました。

投資に勝つには「損失」に着目

　前章では、本格的なゲーム理論の考え方を解説しました。やや難しかったのではないでしょうか。

　要するに、確率的な戦い方をすると、うまくいく場合があるということをわかっていただければ結構です。

　この章では、もっと手軽なミニマックス戦略の考え方を説明しましょう。

　「投資」という実利が伴う場での考え方です。

　かならずしも本格的なゲーム理論ではないのですが、わかりやすくということで説明しておきます。

　株式の売買でも、「できるだけ負けを減らす、敗北の被害を少なくする」ことが、ゲーム理論の立場で最も重要な極意ですよ。

3-1

負けを小さくとどめる

誰でも1度は不幸になる！

　バブル経済が1990年代に崩壊して以後、地価も株価も数分の1になってしまいました。そして、ほとんどの国民が大損をしてしまいました。最近は辛くも回復を遂げていますが。

　手堅く預金をしていただけの人も、バブル崩壊の事後処理で「利率」が急低下したため、もらえる利息が激減してしまいました。最も不幸なのは、バブルの絶頂期に住宅を買わなければならなかった人たちでしょう。ローン破産した人も少なくありません。彼らはバブル崩壊後に家を売っても、住宅ローンの借金しか残らないという酷い目に遭わされたりもしました。

　こんな不幸を、よほど特殊な例だと考えてはいけません。いつの時代に生きても、一生のうちに1度くらいは、この程度の不幸が襲ってくる可能性が高いのです。たとえば、第2次世界大戦に遭遇した世代の人たちはもっと不幸でした。東京が焼け野原になってしまったのです。さらにその前には、昭和恐慌の時代があり、世界大恐慌に巻き込まれました。アメリカでは株価が89％安（！）、失業率が25％にも達したのです。

　ですから、"生きる知恵"として、誰しもゲーム理論の初歩くらいは知っておいたほうがいいです。

投資上手は「損失」に敏感

　先ほどの章では、負けないことの大切さを理解しました。ゲームに強くなるには、もう一歩踏み込んで「負けたときの損失を少なくする」ことの大切さも覚えておかなければなりません。特に、投資というゲーム

の世界ではそうです。

　まずは、「損切り」という基本について考えましょう。

問3-1（損して売れるか）

　あなたは、Ａ社の株を1株1万円で買っていたとします。なお、過去の最高値は2万円です。その後、最安値が400円になったことがありました。

　今、1株7000円だとします。売る勇気がありますか？

　売る勇気があるなら、ゲームに強い素質があります。

　損をしても、売らなければならない場合があります。そうしないと、もっと大きな損失をこうむるかもしれないからです。

　この場合、損失は3割です。激しく乱高下する株だと、投資家にとっては、3割程度の損は誤差のうちです。つまり取り戻しやすい範囲内だと考えます。

　一方、最安値400円まで下がったら、損失は9割6分です。これはほとんど取り戻しようがありません。総合的に判断すると、危険な株ですから、即刻売るというのが妥当な判断です。

　この問題は、実在するＡ社の実例でした。最盛期の株価が2万円以上もしました。当時の50円額面では、超優良企業でした。ところがその後、歯車が狂い続けて、ついに株価は20円未満にまで下がってしまいました。1000分の1以下です。そして上場廃止になったのです。「私にとっては3割の損は誤差ではない。機関投資家と一緒にするな」という意見もあるでしょう。しかし、株式市場は乱高下が激しく、多くの機関投資家にとって3割は誤差の範囲内です。そして、株式投資に参加する個人投資家の数は2割にすぎず、後の8割は、機関投資家なのです。そんな環境で勝負する以上、自分のモノサシだけで勝負していては負けてしまいます。

3-2

なぜ「もうけ」より「損」に注目するのか？

 マイナスを減らすことはたいへん！

　経済学者ケインズは、株式投資を「美人コンテスト」にたとえました。自分が美しいと思う女性ではなくて、「ほかのみんなが美しいと思う女性」を選べ、という意味です。このように株式投資には、さまざまな経験則があります。

　しかし株式投資においては、本当は「損失を小さくとどめる」という方針こそが大事なんです。基本中の基本として、損失を小さくとどめることからスタートしなければなりません。もうけよりも、損失のほうに注目する習慣を身につけていくことです。

　たとえ話として、いちばんやさしい問題からやってみましょう。

問3-2（損失に注目する①）

　小学生のA君は、このごろやっと勉強する習慣が身についてきました。テストの平均点がこれまで80点だったのが、90点に上がってきたのです。

　9割方の勉強ができているのですから、勉強時間をもう1割増やしたら、100点を取れるようになるでしょうか。

　もちろん、なりません。

　考え方としては、現在の得点ではなく、失点に注目するのです。

　平均90点のとき、失点は10点です。その失点を減らすのがたいへんなんです。失点を半分の5点に減らせれば、平均点は95点に上がります。

しかし失点を半減させるためには、勉強時間を2倍にしなければならないと考えたほうが、本当のところに近いのではないでしょうか。その考え方なら、勉強時間が4倍で97.5点、8倍で98.75点……となります。永遠に平均100点には達しません。

ところが、「あとちょっと勉強したら」と考える人たちが多いのが世の常です。むしろ失点側に注目しましょう。

製品の「不良品率」や「工作精度」なども、これと似たような考え方になります。1％の不良品率を、0.1％まで下げようとすると、長期間にわたって綿密な研究と品質管理手法の構築が必要です。

たとえば不良品を発見する手間を考えるだけでも、そのたいへんさがわかります。1％の不良品率なら、100個に1個程度の不良品が見つかります。ところが、0.1％の不良品率なら、1000個に1個しか不良品が見つかりません。

不良品を見つけないことには、製造工程のどこが悪いかわからず、対策の立てようがありません。その手間だけで、10倍程度はかかるというわけです。

同じ損失でも深刻度が違う

「もうけ」よりも「損」に注目すべきことがわかったところで、もう1問見ておきましょう。

問3-3（損失に注目する②）

1000円の株価が750円に下がりました。放っておいたら、また下がって、500円になりました。2回の下げのうち、どちらのほうが深刻でしょうか。

後の下げです。

どちらも250円の下げです。しかし何％の下げかという割合を計算してみましょう。

最初の下げは、1000円の25％でした。

後の下げは、750円の約33％です。

だったら後のほうが深刻ですね。

 ## 損失は割合で考える

ここでまた大事な考え方が出てきました。損失は「割合」で考えた方がよいということです。金額といういわば絶対値ではなくて、元の金額との相対値で見るべきだという考え方です。

理知的な人には当たり前の考え方にすぎませんが、特に実戦において大事です。面倒がらずに、手元に電卓を常備して、それをたたいて計算する習慣をつけましょう。

なお、2002年にノーベル経済学賞を受賞したダニエル・カーネマンは、経済心理学の研究をしてきました。人間の主観確率に注目します。彼の考え方によると、投資家は最初の250円の下げには大いにうろたえます。ところが、だんだん感覚がマヒしてきて、次に250円下がっても、もうあきらめてしまうのだそうです。

株式投資で成功したい人は、客観的かつ合理的に考えることが大切です。それは主観とは少々異なるということです。

 ## 損失を取り返すのはたいへん

割合という見方で、損失を考えることができるようになれば、なぜ損失を抑える方針が大事かが、よくわかるようになってきます。割合という点では、もうけよりも、損失のほうが、より大きな影響を与えるからです。

それがなぜかを練習問題で考えておきましょう。

問3-4（損失の回復）

1000円の株価が700円に下がりました。3割の値下がりです。

では、何割の値上がりで、元の1000円を回復できるでしょうか。

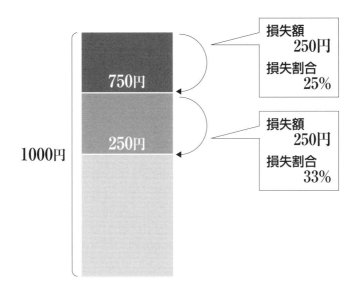

電卓で計算してみてください。約4割3分の値上がりが必要です。

　1000÷700≒1.429

　つまり、42.9％程度の値上がりがないと、元の1000円には戻りません。3割値下がりしたのを取り戻すのに、4割3分の値上がりが必要です。上がり幅のほうがずっと大きくて困難です。わかるでしょうか。

　5割も値下がりすると、2倍に上がらないと、元の株価まで戻りません。下げが大きいほど、必要な上がり幅が極端に大きくなっていきます。株式市場では、かなり大手の企業の株価でも、長期間の下値と上値では、数倍ぐらいの値動きがあることはザラです。ベンチャー企業ですと、10倍以上とか、極端な場合には100倍以上の変動が起こります。株価が99％安になってしまったのでは、100倍に値上がりしなければなりません。それはほとんど不可能です。

　たとえ損をしたとしても、大事なことは、損失を取り戻せる価格のうちに売り払って、「損切り」するということです。

95

問3-5 （ギャンブルの方針）

　Aさんは、次のような方針で、丁半バクチをすることにしました。

　持ち金の1割を毎回賭けます。勝ったら1割のもうけ、負けたら1割の損です。勝ち負けがちょうど半々の確率のギャンブルなら、平均としては、これで持ち金は増えも減りもしない程度の範囲で、いつまでも楽しめると考えました。

　この考えは、正しいでしょうか。

　誤りです。勝ったら1割もうかって、1.1倍になります。負けたら1割損をして、0.9倍になります。それらをかけ合わせると、

1.1×0.9＝0.99

です。つまり勝ち負けを1回ずつ経過すると、持ち金は1％減ります。

　勝ちと負けの順序はどうでもかまいません。ともかく長い間、勝ち負けを続けていると、1％程度の損失がどんどん累積して、やがて持ち金はだんだん減っていくでしょう。

　平均として持ち金が減らない賭け方としては、毎回1000円といったように、常に「一定額」を賭け続ける方法が正しいといえます。

投資の不確実性に対処する

リスク分散とポートフォリオ

　株式投資などでは、未来の市況には常に不確実性が伴っています。上がるかと思って買っても、100パーセント確実だとはいえません。むしろ初心者の場合には、買えば下がる、売れば上がる、としばしば逆になることが多いかと思います。

　株式市場全体が、上がったり下がったりの繰り返しで、株価がある範囲を上下するだけのブロック相場が続いているとき、初心者がもうけるのは困難です。それは当然といえば当然です。というのは、ブロック相場では、誰かがもうけると、誰かが損をするという状態だからです。まさに「ゼロサムゲーム」という状態です。

　だったら、「株式投資に熟練した人たちがもうけたとしたら、そのもうけをちょうど打ち消すだけの損失は、下手な初心者がかぶる」ことになります。

　こういうことに気がつかないといけません。そういう仕掛けになっていることを、きちんと論理的に学ぶ道具立てがゲーム理論です。

　少なくとも「リスク分散」という考え方は知っておくべきでしょう。不確実性に対処するためには、リスクを分散させることが重要です。

　リスク分散には、「ポートフォリオ」という考え方があります。ポートフォリオとは、言葉の上では、「投資家の資産の内訳書」のことです。それが転じて、資産をどう分散し、それをどう運用するか、リスクをどうやって小さくするかといった「ポートフォリオ戦略」の意味で使われています。

　よくいわれるのが、「資産を３分割しなさい」という方針です。①預

貯金、②有価証券、③不動産、といった３分割を行って管理するわけです。貴金属を含めることもあります。国際化した近年は、外貨建て金融商品を加えるのが有望だという意見も多いです。

　たとえば、今あなたが300万円で株式投資をしようとしています。

①全額を１銘柄に投資する
②３銘柄以上に分散投資する

のどちらが優れた投資方針でしょうか。損失を少なくするべきだ、というこの章の大方針に基づいて考えれば、どれが正解かを自分で考えることができたでしょう。②３銘柄以上に分散投資する、が正解です。

　１銘柄に全額を投資すると、もしもその会社が倒産した場合、投資金の全額がなくなってしまいます。そういう最悪ケースはぜひとも避けるべきです。３銘柄に分散投資した場合、万一、１社が倒産しても、２社分の株が残ります。だから５割の値上がりがあれば（たいへんですが）、何とか元金まで戻せます。４銘柄に分散していれば、３割３分の戻りで大丈夫です。５社なら、２割５分の戻りです。リスク分散の大切さがわかってくるのではないでしょうか。

　一方、通常の値動きに関しては、株式市場の場合、ほとんど全銘柄が同時に上がり下がりすることが多いものです。分散投資をしても、値上がり益は、集中投資に比べてそんなに落ちるものではありません。

　このようにポートフォリオ戦略では、リスク分散を主眼としつつ、かつ利殖の効率向上を求めます。どう配分したらリスクが適度に少なくて、かつ資産を守ったり増やしたりできるかということです。

「ハイリスク、ハイリターン」といいますから、リスクがある程度高いと、利殖効果も高まる傾向にあります。しかし万一を考えて、納得できる適切な分割法を考えることをお勧めします。

3-4

現実的な利益を考える

 目に見える利益が、本当の利益

　庶民はしばしば、宝くじを買ったら、１等が当たると期待します。株式投資をすれば、濡れ手でアワの億万長者になれると夢想します。人は空想的な欲望に簡単にだまされます。

　そうではなくて、現実的な利益を考えましょう。損失に常に配慮しながらです。いくつか練習しておきしょう。

問3-6（予想の的中率）

　株式投資に慣れてきたＡさん、3回のうち2回くらいは予想が的中するようになりました。

　1回予想が当たると、3割もうかります。はずれると3割の損失です。

　だったら、的中率が3分の2ですから、1回当たり平均的に2割ずつもうかるのでしょうか。

　平均的には６％程度しかもうかりません。

　損失の分を考えに入れないといけません。３回のうち１回負けると、

1.3×1.3×0.7＝1.183

です。結局、３回の投資で18.3％程度のもうけです（さらに取引手数料や税金を引かれます）。略式の計算として、それを３で割ると、１回当たりの利益は６％程度です（正式な計算では、1.183の立方根を求めます。すると5.8％未満のもうけだとわかります）。

3割もの利益が3回に2回も得られたとしても、平均すると案外に利益が少ないことがわかるでしょう。それが現実のゲームです。

　かつて株式市場では、小口の個人投資家は、売買の往復で3％程度以上の手数料と税金を証券会社に払わされていました。慣れてきて利益が上がるようになっても、半分は胴元に吸い取られていたということです。インターネットのオンライン証券会社ができて、そんな状況がかなり正常化されました。

　では、的中率が4回中3回にまで上がったらどうでしょうか。

　1.3×1.3×1.3×0.7＝1.5379

　単純に4で割って約13％、正式に4分の1乗で計算すると11％程度です。ただし、この程度の的中率は、名人級だと考えてよいでしょう。さらに、5回に4回の的中となると、ほとんど不可能です。

 ## 損切りが利益を増やす

　というわけで、現実には思ったほど利益率が伸びません。何が悪いのかというと、「損失分が足を引っ張っている」からです。それを減らす練習問題を考えましょう。

問3-7 （損切り法で利益を増やす）

　株式投資に慣れてきたAさん、3回のうち2回の予想が的中します。そしてさらに、損切り法の効果を覚えました。
　1回予想が当たると、3割もうかります。はずれても、1割損失の時点で株を売却します。この場合、1回当たり何割程度のもうけになるでしょうか。

　答は、1割5分程度です。簡単に計算できます。

　1.3×1.3×0.9＝1.521

目に見える利益が本当の利益

　略式の計算では、

0.521÷3≒0.17

　で、約１割７分です。これでも正解にします。正式には1.521の立方
根である1.15003………を求めて、約１割５分になります。

　要するに、損切りできなかったときには、１回に平均６分程度の利益
率にすぎなかったのが、３倍近くに改善されたということです。

　４回に３回的中の名人級（11％程度）に比べても、こちらの方法が利
益率で優れています。なお、名人級でさらに損切り法を使えば、１回当
たり平均１割９分近い利益になります。

株価分析の経験的方法

　株価のテクニカル分析には、最も基本的な手法として、日本では「ローソク足」を用いた「株価チャート」（「けい線」ともいいます）を描きます。始値、高値、安値、終値の四本値を用いた表現法です。

　始値より終値のほうが高い場合には、白のローソクで表します。これを陽線といいます。また、終値のほうが安い場合には、黒のローソクで表します。これを陰線といいます。高値と安値はヒゲのように上下に出ています。

　1日ごとに描いたチャートを日足といいます。1週間ごとに描いたものは週足です。売買株式数の「出来高」を棒グラフとして付加します。

　これに「移動平均線」や「トレンドライン」や「抵抗線」などを書き込みます。

　たとえば、25日移動平均線というのは、直前25日分の終値の平均値を計算し（その日を含めた25日分です。立ち会いのなかった日は含めません）、それを結んでいった線です。

　トレンドラインというのは、株価が上げ基調にあるか、下げ基調にあるかを示す直線です。たとえば、高値のピークを結んでいくと、次の高値のピークがだいたい予想できます。日々の株価が越えにくい線です。

　また、上値抵抗線というのは、高値のピークになっているところで横に引いた水平線です。

　一方、下値抵抗線（下値支持線ともいいます）というのは、安値のボトムで引いた水平線です。いずれも日々の株価が越えにくい線です。これらを越えると、さらに高値や安値に向かう可能性があります。

　短期の移動平均線が、より長期の移動平均線を、下から上へ突き抜

ける「ゴールデンクロス」など、経験的な判定法がいろいろあります。
「サイコロジカルライン」という言葉もたまに経済紙に出てきます。

　さまざまな予測手法は、コンピューター・ソフトの中にいろいろ組み込まれていて、近年は初心者も手軽に使えるようになりました。

　なお、名人レベルの予測方法は、秘中の秘として隠されていることがあります。

　ただ、アメリカで1987年に起こった「暗黒の月曜日（ブラック・マンデー）」では、いろいろなコンピューター・ソフトが一斉に売りの指示を出しました。予測結果は似通っていることが多いものです。

　ですから一般の方は、インターネットにある無料の分析ソフトなどを利用してみてもよいでしょう。コンピューターの出す指示だけでなく、自分で情勢判断をすることがなによりも大切ですよ。

日常にある
「囚人のジレンマ」

　権謀術数主義者として有名だったマキャベリの言葉に、「戦争は始めたいときに始められるが、やめたいときにやめられない」というのがあります。

　はまり込んだが最後、不幸へとまっしぐらに突き進むしかない、という状況が世の中ではしばしば起こります。

　ゲーム理論では、「囚人のジレンマ」という有名なたとえで、それを表現しています。

　近年は「ゲーム理論の基本定理」よりも、この「囚人のジレンマ」のほうがずっと有名になりました。今やゲーム理論を代表する重要な話題です。

4-1

囚人のジレンマとは

 裏切るか？協力するか？

「ジレンマ」とは、「二律背反」あるいは「板ばさみの状況」という意味です。2つの選択肢のうち、どちらに決めてよいか決定しかねる状態のことです。「ミニマックス」と並んで、ゲーム理論の最重要概念です。まずは、最もシンプルな形で「囚人のジレンマ」を紹介しましょう。2人の囚人の間で、意思決定を行うゲームです。

問4-1（囚人のジレンマ）

　囚人AとBが逮捕されました。彼らはある犯罪の共犯者だと疑われています。

　今2人は拘置されていますが、互いに相棒と隔離されています。ですから検事の取り調べに対して、相棒がどんな対応をするか、互いにわかりません。

　検事が2人に示した条件は以下のとおりです。実は、まだ証拠不十分な段階なのです。

（1）2人とも黙秘すれば、懲役1年ずつである
　　（微罪で罰するしかないため）。

（2）2人とも自白すれば、懲役2年ずつである
　　（罪が確定するため）。

（3）1人が自白し、1人が黙秘すれば、自白した者は釈放、黙秘した者は懲役3年。

これを一応、表にしておきましょう。

さて、あなたが囚人Aなら「黙秘」と「自白」のどちらを選びますか。

A＼B	黙　秘	自　白
黙　秘	A:1年 B:1年	A:3年 B:0年
自　白	A:0年 B:3年	A:2年 B:2年

　どちらでも自由に選んでください。ジレンマ状態だと気づけば結構です。なぜジレンマになるのか、相手の立場を頭に入れながら、これから考えてみます。

①相手が「黙秘」した場合

　相手が黙秘の場合、あなたにとって、「黙秘」と「自白」のどちらのほうが得ですか。

　あなたが「黙秘」なら、あなたの刑は「1年」です（左上のマス目）。
　あなたが「自白」なら、あなたの刑は「0年」です（左下のマス目）。

　よって、「自白」のほうが有利です。表をよく見てくださいね。

②相手が「自白」した場合

　相手が自白した場合、あなたにとって、「黙秘」と「自白」のどちらのほうが得ですか。

あなたが「黙秘」なら、あなたの刑は「3年」です（右上のマス目）。
あなたが「自白」なら、あなたの刑は「2年」です（右下のマス目）。

　よって、「自白」のほうが有利です。

　このように考えた結果、「自白」のほうが常に有利ですね。表は対称的ですので、Ｂも同じように考えるはずです。だったら迷わず自白を選べばいいように思えますが……。

本当に「自白」が最良？

　ところが、表をよく見てください。
　損なはずの「黙秘」を2人ともが選ぶと、2人の刑期は「1年」ずつです。有利なはずの「自白」の場合（2年）よりも、短いではありませんか！
　しかし、「黙秘」を選んだのでは、相手が「自白」を選んで、あなたの刑期は3年になってしまいかねません……。
　これを「ジレンマ（二律背反状態）」といいます。得だと思って選んだのに、損だと思った選択肢のほうがましだったというわけです。
　少し難しかったかもしれません。同じような問題を以下で何問かやりますので、どれかでジレンマ状態に気づけば結構です。
　ともかくも表をよく見て、自分の頭で考えてみるようにしてくださいね。

4-2

今、そこにあるジレンマ

値下げ競争

わが国ではこのような「司法取引」の制度はまだ途上です。その点で、問題の設定自体に疑問を感じた人が少なからずおられたかもしれません。アメリカではこのような司法取引がしばしば行われます。

しかしそれにしても、こんな妙な事態は机上の空論であって、実社会ではほとんど起こらないだろうと思うかもしれません。でも、とんでもありません。ごくごく当たり前に起こる現象なのです。だから「囚人のジレンマ」が有名な問題になりました。

問4-2（値下げ競争）

　国道沿いのガソリンスタンドAとBは、どちらもガソリンを1リットル100円で売って、売上の競争をしていました。

　ある日、A店の主人が年間利益の見積もりをしました。

　①両店がどちらも100円で売ると、年間利益は2000万円ずつです。
　②一方だけが90円に値下げすると、相手のお客を奪えるので、値下げ側の年間利益は3000万円、相手はほとんど売れず、年1000万円の赤字です。
　③両店とも90円にすると、年間利益はそれぞれ1000万円ずつです。

　あなたなら現状維持ですか、値下げしますか、どうしましょう。

A \ B	現状維持	値下げ
現状維持	A:2000万円 B:2000万円	A:−1000万円 B:3000万円
値下げ	A:3000万円 B:−1000万円	A:1000万円 B:1000万円

これも囚人のジレンマと同じ状況です。相手が現状維持のとき、あなたは値下げしたほうが得です。相手が値下げのとき、あなたはやはり値下げしたほうが得です。よって、値下げがよさそうにみえます。

しかし、相手も同じように考えて値下げすると、2人の利益は年間1000万円ずつ。現状維持の2000万円ずつよりも減ってしまいます。

ところが、現状維持を選ぶと、相手に裏切られて値下げされ、あなたは1000万円の赤字におちいってしまうかもしれません。よってジレンマ状態です。

デフレを招くジレンマ

このように値下げで裏をかくというのは、実社会でときどき使われる作戦です。近所に同業の店があったときなど、値下げ競争をやっていることがあります。一方が値下げすると、他方はさらに大きく値下げして対抗するなど、どちらが先につぶれるかという体力競争をしたりします。「デフレ・スパイラル」というのは、そういう競争を社会全体で始めたときにおちいる状態かもしれませんね。

一方が値下げして他社のシェアを奪います。すると相手は、さらなる

値下げで応えて、シェアを奪い返そうとします。その繰り返しで、どん底へと落ち込んでいきます。そのような現象を表現するモデルとして、最もシンプルなものが、この囚人のジレンマだといえます。

その基本構造は、次のようなものです。これはまさに「不幸のゲーム」といってよいでしょう。

①どちらかが目先の利益を追求します。

②すると、相手もそれに応じます。

③その結果、両方とも損をする結果になります。

 ## 生物の生存競争にもジレンマがある

囚人のジレンマは、生物の社会でも起こると唱えた科学者がいます。ジョン・メイナード－スミスという生物学者は、「進化的に安定な戦略（エボリューショナリー・ステーブル・ストラテジー）」と称し、それを「ESS」と略しました。南洋のパラダイスを舞台に、この問題を考えてみましょう。

問4-3（生物の進化ゲーム）

南洋のある鳥は、「誠実」か「浮気」かの戦略を選びます。

①オス・メスともに誠実なら、生涯に平均10羽の子孫を育てます。

②一方だけが浮気なら、浮気側の子孫は20羽、他方は子孫が減って5羽です。

③双方が浮気なら、ヒナの世話がむろそかになって、平均7羽です。

この場合に、囚人のジレンマと同じ状況が起こりますか。

起こります。次ページの表のようになります。

相手が誠実・浮気のどちらを仮定しても、自分の側は浮気が有利です。しかし双方が浮気だと、双方が誠実の時より損になります。かといって、

誠実を選ぶと、相手が浮気だとさらに損ですので、ジレンマ状態です。

オス＼メス	誠実	浮気
誠実	オス：10羽 メス：10羽	オス：5羽 メス：20羽
浮気	オス：20羽 メス：5羽	オス：7羽 メス：7羽

　だいたいの仕掛けがわかってきたでしょうか。自分だけが得をしたいのに、相手も同じ方針をとってしまうと、両方が損をするというパターンです。

　この問題の場合、トータルとして、どちらの方針をもつ鳥の子孫が多くなるでしょうか。誠実な鳥の遺伝子をもつ子孫が多くなりそうなら、子孫はますます誠実になるでしょう。さらにその次の世代でも……と繰り返していくと、誠実なほうがますます優勢になっていきます。

　それを進化における自然選択の問題とみなすと、生物学のテーマになるわけですね。メイナード–スミスさんはこんな研究をして、賞金5000万円の京都賞を受賞しました。

4-3

「囚人のジレンマ」必勝法

囚人のジレンマコンテスト

　囚人のジレンマは困った問題です。はたして「協調」と「裏切り」のうち、どちらのほうがより優れているのでしょうか。

　そこである人が、「コンピューター選手権」をやろうと考えました。ロバート・アクセルロッドという政治学者でした。コンテストの応募者たちがコンピューター・プログラムをつくります。それらをコンピューター上で戦わせるのです。そして最も強かったコンピューターの戦い方を、囚人のジレンマの"解決策"としようというのです。

　ただし、1回限りの戦いでは本当の解決策となるのかどうかわからないので、「繰り返しゲーム」というルールにしました。1試合で、200回のゲームを行います。つまり囚人のジレンマを200回戦うのです。それを5試合ずつ、各参加者ごとにやります。そして5試合の平均得点（200ゲームの合計得点として）を求めました。

　参加者は14チームでした。それに「でたらめ」という、半々の確率でランダムにふるまうだけのプログラムを加えたので、計15プログラムの対戦になりました。

　なお、同じプログラム同士の戦い、つまり、自分自身との戦いも加えました。このコンテストの結果はどうなったのでしょうか？

　まずは、1つの目安として、半々の確率でランダムにふるまう「でたらめ」プログラムの結果から見てみましょう。このプログラムの結果と比較することで、他のプログラムの強さを計ることができます。

アクセルロッドが用意した囚人のジレンマは、表のようなものでした。

では、「でたらめ」同士が対戦し合ったら、1回当たり平均何点が取れるでしょうか。

A〳B	協　調	裏切り
協　調	A:3 B:3	A:0 B:5
裏切り	A:5 B:0	A:1 B:1

9／4点ですね。

表の各マス目がそれぞれ1／4の確率です。それぞれのマス目の得点、0点、1点、3点、5点を足して、それを4で割れば求められます。

この戦いを200回行うと1試合です。だから200倍すると、1試合で、「平均450点」取れることになります。

「でたらめ」というのは「確率戦略」の一種です。だからかならずしも最悪というわけではありません。ただ、このコンテストでは最下位でした。

では逆に、コンテストで優勝したプログラムは、どんなものだったのでしょうか。もしや人工知能技術などを駆使して、非常に複雑な判断をするプログラムだったのでしょうか。それとも、作者が新理論を発見して、それに基づいて動くという、非常にスマートなプログラムだったの

でしょうか。

最強のプログラム「しっぺ返し」

優勝したプログラムは、心理学者のアナトール・ラポートという人がつくったものでした。FORTRANというプログラム言語で書かれていました。

いったい何行くらいの大きさだったのでしょうか。

100行？

1000行？

10000行以上？

いえいえ。実はたった「4行」だったのです。あまりに短くて、コンテストに参加したプログラムのうちで最短でした。「でたらめ」とたいして変わらないほど単純なプログラムです。最短のプログラムが、優勝してしまったというわけです。たった「4行」のプログラムが、他の14通りのプログラムに勝ってしまったというのは衝撃です。

実はラポートのプログラムは「しっぺ返し（ティット・フォー・タット）」という戦略を使っていました。

①最初、プログラムは「協調」から試合を開始します。
②相手が「協調」なら、次の回は「協調」を行います。
③相手が「裏切り」なら、次の回は「裏切り」を行います。
④これを繰り返すだけです。

なぜ4行で書けたかというと、こんなに簡単だったからです。

それでも書けないと思う方には、別の記述を示しましょう。この戦略は、相手の「物まね」を行うだけです。

もっと簡単に記述すると、次のとおりです。

①最初は、「協調」で始めます。
②後は、前回の相手の手をまねるだけです。

このようにふるまいますと、相手が協調なら協調し、裏切りなら裏切りで応えるという戦い方になります。

問4-5（「しっぺ返し」戦略の練習）

下の表にラポポートの手を書き加え、得点を計算してください。

回	ラポポート	対戦者	得　点
1		協調	
2		裏切り	
3		協調	
4		協調	
5		協調	
6		裏切り	
7		協調	
8		協調	
9		裏切り	
10		裏切り	
		合計	点

A \ B	協　調	裏切り
協　調	A:3 B:3	A:0 B:5
裏切り	A:5 B:0	A:1 B:1

　ラポポートが打った手は簡単に決まりますね。1回目は協調にします
が、後は直前の相手の手を1回ずらしてまねているだけです。

回	ラポポート	対戦者	得　点
1	協調	協調	3
2	協調	裏切り	0
3	裏切り	協調	5
4	協調	協調	3
5	協調	協調	3
6	協調	裏切り	0
7	裏切り	協調	5
8	協調	協調	3
9	協調	裏切り	0
10	裏切り	裏切り	1
		合計	**23**点

表のようになり、合計23点です。

　これほど単純なプログラムで、優勝などできるのでしょうか。

　実は「しっぺ返し」は、平均得点「504点」という超低空飛行で、かろうじて優勝したのです。「しっぺ返し」は、自分自身と戦ったとき、得点が600点にすぎませんでした。そしてそれが全対戦相手とのうちで最高得点でした。

　一方、「でたらめ」と戦ったときは、441点でした。完全にランダムな場合が450点程度ですから、それに近いといえます。

　また、「しっぺ返し」の最低得点は、第12位のプログラムと戦ったときのもので、225点でした。その程度の点数で優勝できるのですから、要するに、ほかのプログラムが弱かったのです。平均得点は、第2位が「500点」、第3位が「486点」、第4位が「482点」、第5位が「481点」にすぎませんでした。

　なお、最下位の「でたらめ」は、平均得点「276点」でした。「でたらめ」が善戦したのは、自分自身を相手にして450点、「しっぺ返し」を相手にして442点でした。

　「しっぺ返し」は、「でたらめ」を相手にして、特に弱いプログラムだったということです。

 無冠のチャンプはやっぱり強い！

　さらに、最も特徴的だったことを述べておきましょう。

　「しっぺ返し」は、どのプログラムにも勝ちませんでした！

　どの対戦相手にも、負けるか、あいこにすぎなかったのです！

　勝たなかったが、負けたときの失点が少なかったということです。

　要するに「ミニマックス型」の戦略だったというわけですね。

4-4

それでも「しっぺ返し」が最善策？

しっぺ返しのおさらい

「しっぺ返し」戦略は、とりあえず「協調」します。そして裏切られたら、即座に裏切り返します。それが最善策です。実社会でいうと、長く付き合いながら、ともかく「協調」を基本姿勢とすることです。

そして、裏切られたら、「即座」に裏切り返します。間髪を置いてはいけません。相手が忘れないうちに、即座にしっぺ返しをするのが基本です。

そういった基本方針が、このアクセルロッドによるコンテストによってわかったということです。非常に有名な実験になりました。

第2回ジレンマコンテスト

なお、「たった4行のプログラムが優勝した」という結果があまりにも信じがたかったので、第2回のコンテストも開かれました。

第2回に参加したのは、62チーム＋「でたらめ」でした。計63者の戦いという盛大なものになりました。

しかし、またも「しっぺ返し」が優勝したのです。

ラポートの「しっぺ返し」は、またどのプログラムにも勝ちませんでした！

「しっぺ返し」は、計39のプログラムと引き分けました。残りの24のプログラムには負けました。最下位を相手にしたとき、100点台しか取れませんでした。それでも、総合点では「しっぺ返し」が最高だったのです。僅差で2位と3位が続きました。

こうなってしまっては、学者たちも「しっぺ返し」が最強らしいと認

めざるをえませんでした。参加者はすべて、「しっぺ返しに勝とう」と思って乗り込んできました。悪くても「しっぺ返しとは引き分けにしておこう」というプログラムだったはずです。ごく簡単なプログラムを相手にするだけですから、みんなあらかじめ実験してから持ち込んだはずなのです。

なぜ、ほかのプログラムは、1位になれなかったのでしょうか。その理由は簡単です。「対しっぺ返しプログラム」は、「しっぺ返し」には強いが、ほかのプログラムには弱かったのです。そして、総合得点で敗れたのです。

総合点で勝利せよ

「しっぺ返し」は誰にも勝ちません。良くて引き分けです。負けることも非常に多いです。しかし長い目で見ると、そんな戦い方をする人が最高の勝者になるのです。

逆に、最高の勝者に勝っている人が、長い間に最下位グループに入ってしまったりします。「強い相手に勝つけれども、総合点では負ける」という人たちです。「しっぺ返し」は普段は協調し続けるという、非常に退屈な作戦ですが、それが「最良」なのです。「誰にも勝たないのに、総合すると最高の勝者である」というのは恐るべき高等戦略です。ほとんどの人は、その屈辱的状態にがまんならないのではないでしょうか。

その後あちこちで行われたコンテストでは、その他に、相手の裏切りを3度まで許す「仏の顔も3度」戦略など、コンピューター・プログラムがいろいろ試されました。「仏の顔も3度」が「しっぺ返し」よりもよかったという人もいます。

いずれにしても、「協調」が「囚人のジレンマ」における基本の立場です。それを忘れてはなりません。

また、裏切られたら裏切り返して、相手に裏切りのリスクを教え込まなければなりません。けっして逆襲しない「無抵抗主義」では、最弱の弱者に追いやられてしまいます。

やられた分だけやり返せ!

 人間同士のジレンマ勝負

コンピューター・プログラムではなく、「囚人のジレンマ」を人間で戦わせたという実験もたくさん報告されています。人間の場合、コンピューター実験の結果よりも「非協力的」な傾向が強かったようです。

ある実験では、人間は50％の割合で裏切ったといいます。しかも後半になると裏切りが増える傾向があって、後半の裏切りは65％だったそうです。

一般人よりも、経済学部の学生のほうが裏切る確率が高かったなど、報告はさまざまです。経済学部の学生は、囚人のジレンマの結果を知っているのですが、それでも裏切りたくなってしかたがなかったようです。そうでないと、ゲームをプレイしている気になれなかったということでしょうか。

「囚人のジレンマ」は誰が発明したか

メリル・フラッドとメルビン・ドレッシャーが、「囚人のジレンマ」を発明したといわれます。1950年のことです。アメリカのランド研究所の研究員でした。

ランド研究所は、軍事戦略を研究するシンクタンクとして、第2次世界大戦直後に設立されました。当初の目的は、核戦争の戦略研究でした。ノイマンも定期的に顔を出しました。

フラッドとドレッシャーによる最初のゲームは、戦争状態に関するものでした。ランドの顧問であるアルバート・タッカーという有名な数学者が、それを囚人の比喩に置き換えて、「囚人のジレンマ」と名づけたと伝えられます。

実感として人類は、これに似た考え方を、古くから感じ取っていたものと考えられます。裏切りがよくないというのは、古代からの道徳律です。宗教的戒律には、その種の戒めが多いのです。

哲学者イマヌエル・カントの『実践理性批判』でも、道徳的行為を普遍化して、「誰もがそうしたらどうなるだろう」と常に考えるように説いています。

一方、人間のもって生まれたエゴイズムの世界は、人間性を真剣に見つめる文学の世界で、的確に表現されていることが多いものです。

エドガー・アラン・ポーの『マリー・ロジェの謎』には、警察が悪人一味のメンバーに、「いちばん先に密告した者は、ほうびを与えて、罪を免除してやろう」と誘うくだりがあります。

探偵のオーギュスト・デュパンは、「誰もが先に密告されるのを恐れて、急いで密告するものだ」と語っています。

探していけば、このような文学作品は、ほかにももっとたくさんあることと思います。密告の報酬というタイプが多いでしょう。恋愛の

三角関係に関する作品などもあると思います。

　なお、ランド研究所は、軍用機を生産していたダグラス社が、アメリカ空軍から1000万ドルの補助金を受けて設立されました。「RAND」という名は「R＆D（研究・開発）」の略だとされますが、由来さえきちんと判明していない名前です。

　戦後、軍から離れていく科学者たちを引き止めるために設立されたといわれています。営利企業でもなく、政府機関でもないという正体不明の組織でした。ゲーム理論には、軍事研究と密接に結びついているという一面があります。

　なお現在のゲーム理論分野では、囚人のジレンマなどの生物進化への応用が、特に人気を博しています。

　経済学への応用はお金もうけという感じが強いし、政治学では生々しいです。それに比べると一種の価値独立性、利益独立性という潔癖さがあるからでしょうか。進化への応用が流行してから、日本でもゲーム理論に関心をもつ人がかなり増えました。

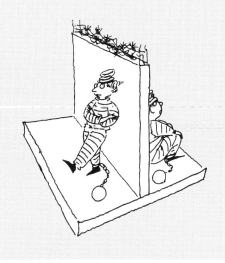

ルールを変えて
打開する

　「囚人のジレンマ」の戦い方は、敗北主義的といえるほど、ネガ
ティブな印象を与えるものでした。

　ゲームの「ルール」を決めたまま戦うと、こんなことが起こり
ます。しかし、「ルールを変える」ためのアイデアをひねり出し
たとき、状況は往々にして一転します。

　この章では、ルールを変えることによって、局面を打開すると
いう方法を考えます。

5-1

ルールは固定したものではない

🔊 ルールの変わり目にチャンスがある

投機家として有名なジョージ・ソロスは、「ゲームのルールが変わる時が、大もうけのチャンスだ」と言い続けてきました。

ソロスは、1992年8月、イギリスのポンドを大暴落させるのに成功しました。「ポンド危機」です。

彼は、ポンドが価値を維持できず、為替レートを切り下げざるをえないと読んでいました。そして、イギリスの中央銀行であるイングランド銀行に売り向かって、大勝利を収めたのです。

ソロスは210億ドル（当時2兆円以上）もの利益をあげました。"史上最高額"の利益だったと驚嘆されました。ポンド危機は、「ゲームのルールが変わる時」だったのです。

ゲームの真髄は、ここにあるといってよいでしょう。ゲームのルールの変わり目には、これまで考えられなかったようなチャンスが隠されているのです。

ただし、「ルールを変える」という方法は、これまでのゲーム理論の本で、体系的に扱ってきた話題ではありません。補足的な話題として、断片的にしか記述されていませんでした。それは、とても残念なことです。なぜなら、"使えるゲーム理論"の最重要部分が省略されてしまっていることと同じだからです。

本章では、「ルールを変える」という視点で、ゲームの勝ち方を見ていくことにしましょう。

問5-1（キューバ危機）

　1962年10月、旧ソ連はキューバに核ミサイルを持ち込みました。その秘密行動をアメリカが直ちに察知したとき、世界は核戦争の危機に直面したのです。歴史に伝えられる「キューバ危機」です。

　ケネディ大統領の言葉として、「核戦争が現実に起こる確率は、3分の1から2分の1だと推測した」という恐ろしい述懐が残っています。世界は破滅の危機の瀬戸際に立たされました。

　これを表にしてみましょう。「弱気」と「強気」の表です。「弱気」が協調、「強気」が裏切りの戦略です。強気同士のぶつかり合いがきわめて悲惨な結末を招くので、特に大きなマイナスにしてみました。

　ケネディは、このゲームをどう戦えばよいのでしょうか。

米 ＼ ソ	弱気	強気
弱気	米:0 ソ:0	米:−1 ソ:1
強気	米:1 ソ:−1	米:−100 ソ:−100

　問1-6（55p）で解説した問題の復習になりますね。ケネディは、「強気」を宣言しました。

　このゲームでは、弱気だと負けます。しかし強気同士だと、破滅的な結果を招きます。では、実際にケネディは、どういう対応を取ったのかというと、彼は「ゲームのルールを変える」努力をしたのだといってよ

いでしょう。

 同時ゲームの交互ゲーム化

　前のページの表を見てください。この表は、相手と自分が同時に「強気」か「弱気」を選んだ場合の被害（利得）を表したものです。この表を見る限り、確かに「－100」という破滅的なリスクを避けるために、「弱気」を選択することで「－1」に甘んじるほうが賢明かもしれません。

　ここでケネディは、このゲームのルールを変えようとしました。前のページの表のような、双方が同時に選択肢を選ぶ「同時ゲーム」から、順番に選択肢を選んでいく「交互ゲーム」へとルールを変えたのです。

　右図を見てください。これは本書でも何度も見てきた「ゲームの木」と呼ばれる図です。この図は、双方が順番に選択肢を選んでいく「交互ゲーム」を視覚化したものです。ケネディは「同時ゲーム」のルールを、「交互ゲーム」に書き直したのです。

　ゲームのルールを変えたケネディは、すぐさま先手を打ちました。「強気」を先に宣言してしまったのです。ケネディが「強気」を宣言すると、旧ソ連は「弱気」（－1）か「強気」（－100）のどちらかを選ばざるをえません。表の下側の行ですね。これではソ連は、「弱気」を選ばざるをえません。

　このゲームは、同時ゲームの形のとき、「チキン・ゲーム」と呼ばれます。「チキン・レース」という表現もします。「チキン」とは「弱虫」という意味です。弱虫比べのゲームなんですね。

 ケネディの奔走

　なおケネディ政権は、不利なゲームのルールを変えるべく、いろいろな対応策を検討しました。たとえば、「第三者」としての国連を通じて解決を図る、などの選択肢も考えました。この選択肢も、「ゲームのルールを変える」ものです。なぜなら、プレイヤーの数が増えるからです。

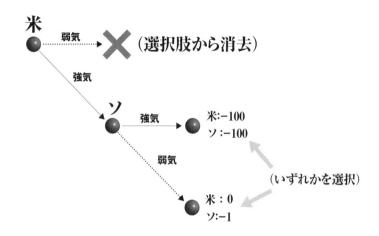

また、強気ばかりで押して、アメリカの一人勝ちでは、ソ連側が納得するはずがありません。当時、旧ソ連側はフルシチョフが首相でした。フルシチョフが自国内を納得させられるような"利益"をアメリカ側が提供しないことには、収まりがつかないはずでした。そこまで配慮するのが、「相手の立場に立ったプレイ」ということです。

アメリカ側が用意したのは、トルコにあるNATO（北大西洋条約機構）軍のミサイルを撤去するという「取引材料」でした。これでフルシチョフの"メンツ"を立てようとしたのです。

ただし、旧ソ連側の積極策（キューバへのミサイル配備）によって撤去したのでは、アメリカの一方的な"損失"です。ソ連ばかりが得をしたことになります。

そこで、キューバの核ミサイル撤去の代償としてではなく、トルコのミサイルは"老朽化"による自発的撤去という理由づけにして、アメリカ側は"メンツ"を守りました。

5-2

同時ゲームから交互ゲームへ

ゲーム（問題）を分解する

　ゲームのルールを変えるなど、自分にはできそうにない、と思う方もいることでしょう。そんなことはなくて、意外に簡単なのです。

　基本は「問題の分解」です。この本の冒頭に述べた大原則です。これが最も重要な原則だと考えていただいてよいでしょう。

　たとえば、前章で述べた囚人のジレンマは、「同時ゲーム」でした。プレイヤー両者が同時に意思決定を行い、得点を競い合ったのです。また、ゲーム理論の基本定理で述べたミニマックス戦略も、「同時ゲーム」に関するものでした。両者が同時に意思決定を行うから、確率戦略という頼りない戦略をとらざるをえなかったのです。

　しかし、そんなゲームを「交互ゲーム」にしてしまえばどうなるでしょう？「同時ゲーム→交互ゲーム」の例を、見てみましょう。

問5-2（ケーキの分配）

　仲の悪い女の子の2人姉妹がいます。お母さんが、ケーキを2つに切り分けて、おやつにしようとしても、どちらが大きいかでいつもケンカをします。

　どうしたらケンカを防げるでしょうか。2人がケーキを選ぶという「同時ゲーム」を「交互ゲーム」へとルールを変えて考えてみてください。

　姉妹のうちの1人に切らせ、もう1人に選ばせます。

　まず2人のうち、どちらか1人を、ケーキを切り分ける係にします。その子はできるだけうまく2等分して、「ちょうど半分ずつだ」と自分で満足するように切り分けるだけの時間を与えます。

　切り分けたケーキのうち、もう1人の子供に自由に選ばせて、自分が満足するほうを取らせます。

　この交互ゲームの結果、2人とも納得してケーキをもらうことができます。パズルのたぐいですから、実際には、どちらの子供が切り分ける係になるかでもめるかもしれません（問題がさらに分解されるということです）。

　しかし、小さな子供たちですから、これで満足することもあるでしょう。少なくとも、切り分けた子供が不満に思っても、それで納得すべきだと理由づけることができます。まずまずの作戦ということです。

では、「囚人のジレンマ」の場合を見てみましょう。

問5-3（囚人のジレンマの「交互ゲーム」化）

あなたは囚人Aです。「黙秘」か「自白」か決めかねています。

そこへ検事がやって来て、「囚人Bがついに自白したぞ」と言いました。

あなたはどうしますか。

A＼B	黙　秘	自　白
黙　秘	A:1年 B:1年	A:3年 B:0年
自　白	A:0年 B:3年	A:2年 B:2年

自白するのが得です。

Bが先に自白したという条件があれば、あなたが「黙秘」なら懲役3年、「自白」なら懲役2年です。自白せざるをえないでしょう。

やさしい問題ですが、もっと深く考えることができます。Bが自白したから、あなたは自白したのです。ということは、それまでは、あなたは「黙秘」という方針を守り続けていた、ということです。しかも、囚人Bは「ついに自白した」のですから、Bもその方針だったわけです。

つまり、ゲームのルールは、「たった1つの表で書けるほど単純では

なかった」ということです。次のとおりです。

　①基本方針として「黙秘」を守り続ける。
　②相手が「自白」したら、交互ゲームとして、あなたも「自白」で報復する。

　このほうが、プレイヤーとしては「高度なゲーム」です。ゲームを高度化すると、そこにうまい活路がみつかることが往々にしてあります。この問題の場合は、上記の①と②という形に書いて、ゲームを「分解」してしまいます。すると、次のようなアイデアが生まれます。

　①と②に分解したら、②が「自白」への抑止力として働くのではないか。

　そのとおりです。相手が「自白」したら、必ず報復として、あなたも「自白」します。すると、相手は損ですから、「自白」しにくくなります。その結果、①の「黙秘」にとどまり続ける確率が高くなるのです。
　現実のゲームでは、何段階にも問題を分けていくことができます。
　２人で犯罪を犯す前に、あらかじめ、

　「おまえが自白したら、おれも自白で報復するからな」

　と「脅し」をかけておくとしたらどうでしょう。これは「交互ゲーム」で、あなたが先攻のプレイヤーになったことを意味します。そして、このように問題を分解したからこそ、２人は「黙秘」を守り続け、相対的に有利な結果を得られるわけです。

5-3

いかにルールを変えるか？

 ベースボール対決、再び

「同時ゲーム」を「交互ゲーム」へとルールを変える、といういくつか
の例題をやってみましょう。その結果、あなたがうんと有利になるとい
うものです。

「ゲーム理論の基本定理」で扱う2人ゼロサムゲームは、もしも交互ゲー
ムに変えることができるなら、後のプレイヤーが圧倒的に得をします
よ。

問5-4（バッターとピッチャーの交互ゲーム）

バッターとピッチャーによる野球対決というおなじみの問題です。バ
ッターの打率は表のとおりです。

ピッチャーの側は、通常の同時ゲームにおける最適確率である「直
球：変化球＝3：7」で投げたとします（問2-11で求めた値です）。

バッター側は、交互ゲームに変えて、

①ピッチャーが投げる
②ピッチャーの球種を見きわめてから、バットを振る

とできたとします。平均打率はいくらになるでしょう。

また、ピッチャーが配球を変えたとしたら、平均打率はいくらまで下
がるでしょう。

バッター ＼ ピッチャー	直球を投げる	変化球を投げる
直球と予想	80%	0%
変化球と予想	10%	30%

　打率は４割５分にもなります。ピッチャーが配球を変えれば３割ちょうどになります。以下に説明しましょう。

　直球は３割の確率で来ます。球を見きわめてからなら、80％の確率でヒットにできます。

　変化球は７割の確率で来ます。球を見きわめてからなら、30％の確率でヒットにできます。

　それらを足し合わせると、

0.3×0.8＋0.7×0.3＝0.45

となります。電卓を使って計算してみてください。

　同時ゲームの場合は、２割４分の打率（問２－10参照）でしたから、驚異的に向上しています。

　こんなに打率が上がってはまずいので、ピッチャー側は配球を変えざ

るをえません。すべて変化球を投げたとき、打率がちょうど3割になり、それが最小だとわかりますね。

 ## 努力によるルール変更

この交互ゲーム化は、たとえば「動体視力」を向上させることによって、ある程度可能になるでしょう。選球眼を磨くわけです。この問の場合、配球を完全に見きわめれば、同じ打撃技術しかもたない人が、2倍近い打率を実現できました。

イチローという名選手は、動体視力が特に優れている、といわれました。その効果がゲーム理論的に推測できるというわけです。

一方、ピッチャー側も、バッターがどの球種をねらっているかを完全に見きわめられれば、打率をうんと抑え込むことができます。ピッチャーは、バッターが変わるごとに、通常は配球を極端には変えないことでしょう。しかし名バッターにも苦手がありますから、案外と大胆な配球にしてみるのがいいのかもしれませんね。

ではもう1問、練習問題で頭を使っておきましょう。

問5-5（次世代製品の開発戦略）

A国とB国は、国策としての「次世代製品」の開発で競い合っています。ところが過当競争のリスクを考慮しなければなりません。

その関係を示す表を見ていて、B国が気づきました。B国の開発規模が「小」の欄を見ると、A国側は、開発規模を「小」にすると、A国にとって「最良」です。一方、B国側が「大」のとき、A国は「小」を選ぶほうが「最悪」を避けられます。表をよく見てくださいね。

つまり、A国はいつでも「小」を選ぶはずなのです。そして、A国が「小」のとき、B国は「大」を選ぶと「最良」です。

A国はピンチですが、"奇跡の逆転策"はあるでしょうか。「同時ゲーム」を「交互ゲーム」にルール変更するということを頭に入れながら、考えてみてください。

A \ B	小	大
小	A:最良 B:良	A:悪 B:最良
大	A:良 B:悪	A:最悪 B:最悪

　A国は「B国の決定にかかわらず、次世代製品を大規模に開発する」と先に発表します。問題を交互ゲーム化して、先に声明を発表した結果、B国は表のうち下の行から選ばざるをえなくなります。

　このときB国側は、開発規模を小さくすると「悪」、大きくすると「最悪」です。したがって開発規模を「小」とせざるをえません。その結果、A国側は自国を「良」という状態に持ち込むことができます。「攻撃は最大の防御」。A国の先制攻撃が功を奏したわけです。

　この問題が特異なのは、A国にとっては「小」のほうが「絶対優位な戦略」だったということです。しかし、絶対優位な戦略を捨てて、あえて優位でない側を選びました。その結果、A国は活路を見いだしたのです。

　パズル問題ですから、この問題のような構造に実際に出くわすことは多くないでしょう。しかし、「あえて優位でない側を選ぶ」という"奇策"がありうることを忘れないようにしてください。もちろん、敵側が奇策を選ぶこともあるので、それには十分に注意することが必要です。

ジョージ・ソロスという "錬金術師"

　ジョージ・ソロスは、クアンタム・ファンド社を設立して、大衆から集めた資金の運用で名をはせました。

　彼の運用成績はものすごいです。1969年に最初のファンドを設立したときに、もしもあなたが1万ドルを預けていたとしたら、1997年には2500万ドルになっていました。なんと2500倍、平均年率35％の運用利回りでした。

　彼は、ゲーム型社会が生み出した「最もゲーム的な人物」の1人だったといえるかもしれません。「ゲームのルールが変わる」という不連続性が、彼の投機的行動のよりどころでした。

　「ブーム（暴騰）」の後に「バースト（暴落）」が訪れるという「ブームーバースト」理論によって、彼は行動しました。最も極端で、きわめて利幅の大きな投機的行動です。科学というよりは、ズバリ「錬金術」だと彼は認めていました。

　そんなソロスは1930年、ハンガリーの首都ブダペストで、ユダヤ人として生まれました。ノイマンと同じ出身です。東欧諸国は他国からの侵略を受けることが多いので、戦いの知略にたけた人物が輩出しやすいのでしょうね。

　彼の心を支えていたのは、「神のように生きる」という絶対の自信であったといわれます。神のように、未来を予見しようという願望をもっていたのです。子供のころから「救世主」だと想像していたと伝えられています。

　父は弁護士でした。1944年にドイツがハンガリーを占領したとき、偽造の身分証明書や隠れ家を用意して、周囲の人々を助けたそうです。ソロスは、このスリリングな時代が最も幸せだったと述懐しています。彼は体質的に危険を愛する人間でした。

　戦後、ソロスはロンドンに留学します。哲学者カール・ポパーの書を読み、彼を師とあがめました。大学卒業後、しがないセールスマンや事務員をして、すぐにそれに見切りをつけ、ニューヨークのウォール街へ移ります。1956年のことでした。

　折からの欧州投資ブームで成功し、その後、1973年にはソロス・ファンド社を設立、後にクアンタム・ファンド社になります。

　彼は不思議な人物で、哲学者ポパーの「開かれた社会」という考え方に共鳴しました。希代の投機家であるだけでなく、慈善家としても活躍し続けました。税金対策や利益に対する社会的非難を避けるためではなかったと述べています。自分自身のためにお金を使うという意識は希薄だったといわれます。

　錬金術並みの投資行動を続けましたが、彼の場合はかなりの程度に科学的です。ただ、それについて述べるのは、初級ゲーム理論のレベルを完全に超えています。天才の技だとうらやむしかないでしょうね。

パート6

均衡を知り、
均衡を打ち破る

　ゲーム理論を使って考えると、どの程度まで自分が勝てるかや、どの程度まで自分が負けるかが、あらかじめかなりわかってしまいます。わかったところから抜け出せず、そこが「均衡点」になるというのが、基礎のゲーム理論の結論です。

　しかし、身動きならない均衡点にとどまり続けるのもよしあしです。均衡点を打ち破るという考え方が、実践の場では必要になってきます。

　この章は、初歩の理論としてはやや高度な部分です。

6-1

勝敗には均衡点が存在する

 互いの最高の努力状態で均衡する

　ある作戦を使ったとき、ある点数を得られたとします。作戦を変えたとき、得られる点数が変わるのが普通です。

　点数はどう変わるでしょうか。元より上がるときも、下がるときもあるでしょう。点数が下がる作戦に変わりたいなどと、誰も思いません。点数が最高のところにとどまりたい、と思うのが人情です。

　作戦を変えても、今よりも上がりようがないというところが「均衡点」です。均衡点については、2人の「ゼロサムゲーム」で説明するのが標準的です。

「均衡点」などと書くと難しい印象があります。確かに、これまでのパートよりも少し数学的な話が入ってきますので、「ややこしい話は苦手だ」という方は、このパートを読み飛ばしていただいてもかまいません。

　それでは、いよいよ本論に入りましょう。

　新しいゲームを使うと混乱しますので、例によって、バッターとピッチャーの例を思い出してみましょう。「同時ゲーム」のままで考えてください。復習から始めましょう。

問6-1（バッターとピッチャーの戦い方）

　バッターとピッチャーの対決が、表のように表されています。

　バッターは直球を何割と予想し、ピッチャーは直球を何割で投げますか。

ピッチャー／バッター	直球を投げる	変化球を投げる
直球と予想	80%	0%
変化球と予想	10%	30%

　バッターは2割、ピッチャーは3割、でしたね。

　バッター側については、問2–10を見直してください。ピッチャー側については、問2–11です。

　このような「確率戦略」をとると、バッターの打率は2割4分に落ち着きました。

　すでに述べたように、この状態は「馬の鞍形」です。それを「ミニマックス」と呼びました。上げ下げどちらにも「均衡」した状態なのです。

　バッターが最適確率からはずれると、ピッチャーは配球を変えて、打率を下げるほうへシフトしてきます。また、ピッチャーが最適確率からはずれると、バッターは予想を変えて、打率を上げるほうへシフトしていきます。

　そういう「互いに最高の努力」の状態が、「均衡点」を形成しているわけです。

6-2

ナッシュ均衡

均衡するとはどういうことか？

　このような均衡状態のことを、「ナッシュ均衡」といいます。ジョン・ナッシュは、ゲーム理論への功績で、ノーベル経済学賞を受賞しました。ナッシュ均衡は、ゲーム理論における代表的な概念の1つです。

　ナッシュ均衡とは、きちんというと「自分以外の全プレイヤーが均衡点の戦略をとるとき、自分もそれをとらないと得にならない」という状態のことです。要するに、「互いに最高の努力をしている」という状態です。ただ、いくつか注意点があります。

(1)　一方だけが最高の状態ではだめです

　バッターとピッチャーの例で、ピッチャーが直球と変化球の比率を3：7にしているのは、ピッチャーにとってそれが最高の配球状態だからです。この時バッターは、どんな割合で球を予想しようと、打率は常に2割4分です。しかし、バッターが理想の確率からずれていてはだめだということです。

(2)「自分だけがずれても、自分の得にならない」という状態です

　自分がずれるだけで、自分の得点が上がるというのでは、自分にとって最高の状態とはいえません。

(3)「自分がずれると、他人の得点が上がる」のが普通です

　自分にとって最高の状態です。そこをはずれると、自分の得点は下がるかそのまま、他人の得点は上がるかそのまま、という状態です。

　ややこしいことをわざわざいいましたが、プレイヤー同士が協力し合わない「非協力ゲーム」には、「少なくとも１つのナッシュ均衡点」が普通は存在します（細かい条件は省略します）。その点で、非協力ゲームの基礎理論です。

 ## ナッシュ均衡は不完全？

　ややこしいことをいった理由は、この概念には欠点が多いからです。

問6-2（バッターとピッチャーのナッシュ均衡）

　バッターとピッチャーの例では、最適状態が「ナッシュ均衡」です。では、相手がそのナッシュ均衡から動かないとき、自分が動いたら、自分の利益は下がりますか。

ピッチャー　　　　バッター	直球を投げる（3割）	変化球を投げる（7割）
直球と予想（2割）	80%	0%
変化球と予想（8割）	10%	30%

　下がりません。バッター側については、問２ -10を見直してください。ピッチャー側については、問２ -11です。すでに見直した人はわかったことでしょう。この種の「確率戦略」では、相手がナッシュ均衡からはずれなければ、自分がはずれても影響はないのです。

たとえば、ピッチャーがナッシュ均衡点にいるとき、バッターが「直球ばかり予想」あるいは「変化球ばかり予想」という極端なことをやっても、打率は常に2割4分という最高状態にとどまれます。

この問題で見るように、たとえ話で「馬の鞍形」といっても、実際には状況はかなり異なります。ゼロサムゲームがナッシュ均衡点の代表的な場合ですが、状況をかならずしもうまく表しているとはいえません。

また、問2-8〜問2-11で計算したように、自分がナッシュ均衡点からはずれると、相手が極端な戦略をとり始めて、打率を変化させます。しかし、「自分がはずれると、相手もはずれる」という"相互作用"は、このナッシュ均衡の概念に含まれていないのです（相互作用が考えに入っている「パレート最適」という考え方は後述します）。では、次の問題もやってみてください。

問6-3（囚人のジレンマのナッシュ均衡点）

「囚人のジレンマ」の表を示しました。懲役年数が書いてあります。

「黙秘－黙秘」と「自白－自白」のうち、どちらがナッシュ均衡ですか。

A＼B	黙　秘	自　白
黙　秘	A:1年 B:1年	A:3年 B:0年
自　白	A:0年 B:3年	A:2年 B:2年

「自白－自白」です。

　表に書いてあるのは罰則ですから、大きな数字が損です。

「黙秘－黙秘」の場合、Aが「黙秘」から「自白」に移ると、Aの刑は「1年」が「0年」に減ります。よって「黙秘－黙秘」はナッシュ均衡ではありません。

　一方、「自白－自白」の場合、Aが「黙秘」に移ると、Aの刑は「2年」が「3年」に増えて損です。Bが移っても、B自身にとって損です。だから「自白－自白」がナッシュ均衡なのです

　なお、Aだけが「黙秘」に移ったとき、Bは刑が「0年」になるので有利ですが、それはナッシュ均衡の定義には抵触しません。

　さらに問題点がわかったと思います。「囚人のジレンマ」のナッシュ均衡点は、「自白」側だったのです。互いの最高の努力であるはずの「均衡点」が、懲役年数1年の「黙秘－黙秘」ではなく、それより懲役年数2年の「自白－自白」になるとは……。

「ナッシュ均衡」は、ナッシュの最も有名な業績です。そして彼は、この業績でノーベル経済学賞を受賞しました。しかし、あまりに有名な「囚人のジレンマ」においてさえ、使いものにならない概念なのです。

　実は、ゲーム理論の体系というのは、“うまくいかないことだらけ”です。均衡という概念を取り上げたのは、それを述べたかったからです。

　ただ、ゲーム理論の教科書には、それをわかりやすく書いていないことが多いです。あいまいに触れるだけにしている本が少なくありません。

　しかし、“うまくいかないことだらけ”だからこそ、ゲームで大逆転を行うことも可能だ、と考えていただきたいのです。その点でナッシュ均衡のまずい部分を述べました。

6-3

全体合理性を考える

パレート最適

　経済学には「パレート最適」という概念があります。イタリアの経済学者ビルフレード・パレートが20世紀初めに定義しました。

　「パレート最適」は、ナッシュ均衡のように、「自分だけ」ではなく「全員の状態を動かしてかまわない」条件下で、最適な状態を探します。そして、現在の状態に比べ「自分の利益を増やすには、他人の利益を減らすしかない」ということになれば、その状態はパレート最適です。

問6-4（囚人のジレンマのパレート最適状態）

　「囚人のジレンマ」で、パレート最適な状態を探してください。

A ＼ B	黙　秘	自　白
黙　秘	A:1年 B:1年	A:3年 B:0年
自　白	A:0年 B:3年	A:2年 B:2年

　パレート最適は、「黙秘‐黙秘」です。

「黙秘‐黙秘」の状態よりも、自分の刑を減らすには、自分だけが「自白」して、他人の刑を重くするしかありません。つまりパレート最適です。

　一方、「自白‐自白」の場合、2人そろって「黙秘」に移れば、2人とも刑が軽くなります。だからパレート最適ではありません。

　よって、「黙秘‐黙秘」はパレート最適、「自白‐自白」は違います。

　パレート最適は、「全体合理性」といった感じの概念です。こちらのほうが、概念的には優れているでしょうね。

 ## まだまだ不確実なゲーム理論

　こんなふうに、ゲーム理論においては、何が優れた概念かなどについて、まだ見解が一致しているものではありません。すると、「どの解が優れているか」という根本的な問題に関しても、研究者によって考え方が異なってきます。「囚人のジレンマコンテスト」で、何十ものプログラムが集まったようにです。

　その結果、世の中では、「ものごとに決着がつかない」という事態がしきりに起こるようになりました。後の章で触れるように、パレート最適を考えても、うまくいかないゲームの問題があるのです。

6-4

ゼロサムで社会が硬直化する

 円高がいいのか？　円安がいいのか？

　アメリカの経済学者レスター・サローは、1980年に興味深い本を出版しました。『ゼロ・サム社会』という本でした。「ものごとに決着がつかない」、「変革への意欲が失われる」、「誰もが自分の利益を守ろうとする」といった社会が到来し始めたことへの警鐘でした。

　現代の日本を例にとって、たとえば「円高」と「円安」という問題を考えましょう。現在の状態に比べて、為替レートが「円高」に振れ始めると、とたんにマスコミが敏感に反応し始めます。「たいへんだ、景気が悪くなる」と騒ぐことが多いのです。

　一方、「円安」に振れ始めた場合にはどうでしょう。マスコミはやはり「たいへんだ、景気が悪くなる」と騒ぐことが多いのです。では、「現状」というのは「最適」の「均衡点」でしょうか。

　実は過去に、現状に向かって為替レートが動き始めたとき、「たいへんだ、景気が悪くなる。これでは日本はやっていけない」と騒いでいたはずなのです。

　どうして、「やっていけないような状態」とみなしていたポイントが、今では「最適」だというのでしょうか。

　これには、ゲーム理論的な“トリック”があります。いったんある状態に落ち着いてしまうと、「変化をきらう」という作用が働きやすいのが現代です。そして、それが世の中を硬直化させていくのです。

問6-5（得するプレイヤーと損するプレイヤー）

　円安と円高という為替レートの問題を考えましょう。

　「輸出に依存する業者」は、「円安」でもうかるとします。同じ１ドルで売っても、日本円が多く手に入るからです。

　一方、「輸入に依存する業者」は、「円高」でもうかるとします。同じ１ドルの品物でも、円高だと日本円を少なく払えばすむからです。

　①「円高」になったとき、不満を言う業者はどちらでしょうか。

　②もうかる側の業者は、もうかることを公言するでしょうか。

　答は、①「輸出に依存する業者」、②「もうかることをなるべく隠す」です。

　輸出に依存する業者は、円高で赤字になりかねません。円が高くなった分、海外で値上げをしたいですが、そうすると海外での競争力が落ちます。また、値上げが不可能かもしれず、利益が減ります。

　一方、輸入に依存する業者は海外への日本円での支払いが減りますので、円高は増益要因です。しかし、もうかると公言すると国内で値下げ圧力がかかります。だからなるべくそれを遅らせたり、隠すようにします。

　円高や円安の局面で、典型的な"反応"は以上のようなものです。「不満のある側」の意見はたくさん出てきます。マスコミもそれを採用します。その結果、円高であろうと、円安であろうと、ネガティブな意見が世の中にあふれます。

　一方、「利益のある側」は、なるべく意見を控えます。できるだけ黙っていて、ホコ先が自分たちに向かわないことを願います。その結果、ポジティブな見方は、目に触れる機会がごく少なくなります。

　あるいは、困っている人たちがいる状況なのに、ニコニコしてもうかっている話などできないのが、ある意味で人情だということです。

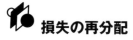 **損失の再分配**

『ゼロ・サム社会』のサローは、それを「損失の再分配」という考え方でとらえました。これは非常に大事な考え方です。

成長する力が弱くなった社会は、ほぼ「ゼロサム社会」です。だれかが得をすると、誰かが損をします。そして、円安や円高に振れるのは、「均衡点が動く」や「ゲームのルールが変わる」という変化です。その時「利益を再分配」するだけでなく、利益と同規模の「損失を再分配」するという問題を解決しなければなりません。それがゼロサム社会の宿命なのです。

しかし損失を分配されるのなど、誰でもごめんです。だから、損失を引き受けなければならない側が、不満の大合唱を始めるのです。結局、世の中が均衡点から動こうとするたびに、"抵抗勢力"が激しく活動を始めて、いつまでたっても動けない状況ばかり起こることになります。

抵抗勢力が多いということは、世の中が沈滞したり、保守化したり、既得権益を守ろうとする人々が増えたりするということです。「三方一両損」といっても、誰も損をしたがりません。それがゼロサム社会の大問題だということです。

一方、「高度成長時代」には、均衡点が動いたり、ゲームのルールが変わったりしても、全体として世の中の利益は増え続けていました。だから、利益を多く得る者と、利益を少なく得る者がいたとしても、損失をこうむる者がほとんど皆無に等しい時代でした。そういう高度成長時代には、変化を受け入れる素地がありました。「利益の再分配」だけで、「損失の再分配」はほとんどなかったからです。

しかし、ひとたびゼロサム型の社会になってしまうと、世の中がどちらに動こうとしても"抵抗勢力"だらけになってしまいます。現代の日本がそんな世の中だから、この章のテーマである「均衡」という問題と、それを打ち破る方策を考えることが、非常に重要であるということです。

ただ、多くの人たちは答えに窮しています。もしよい解答を見つけたいなら、ゲーム理論はそれを探す最も有望な道具のひとつでしょう。

6-5

均衡点を抜け出すには

 努力が活路を開く

　現在の均衡点を抜け出し、もっと利益を増やしたいというのは、誰しも望むところです。それにはどうしたらいいでしょうか。

「囚人のジレンマ」の場合、互いに「裏切り」状態になったなら、それは1つの均衡点です。そこを抜け出して、互いに「協調」状態になれれば、利益が増えることになります。

　バッターとピッチャーのゲームのように、「ゼロサムゲーム」の場合、「自分の技術を磨く」のが普通の方法です。つまり、表のマス目に書いてある数字をさらに向上させるのです。

問6-6（練習の成果）

　バッターは練習の成果によって、変化球が来た時、予想が当たれば打率は50%にアップしました。この場合、最適打率はいくらでしょうか。

ピッチャー／バッター	直球を投げる	変化球を投げる
直球と予想	80%	0%
変化球と予想	10%	50%

約3割3分です。

電卓を使って、試行錯誤で計算してかまいません。あるいは図を描く
と、だいたいの値がわかります。数学が得意な人は、この図をにらん
で、方程式をつくって計算してもいいです。

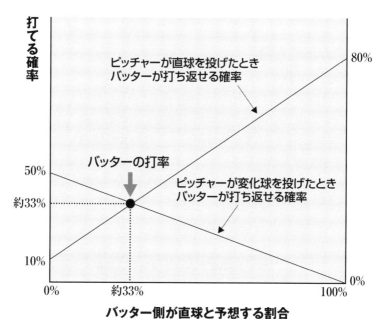

 均衡を抜け出すその他の方法

これ以外の方法として、「交互ゲーム」にするなど、「ゲームのルール
を変える」という方法を、前章で述べました。

探し始めれば、現在の均衡点を抜け出す方法は、数多く存在するはず
です。

そして、それを組織的に行っていくために、さまざまな理論がつくら
れてきました。たとえば、

(1) 相手と「協力」を行う

(2) 相手と「交渉」を行う

(3) 相手に「報酬」を支払うか請求して、ゲームの展開を変える

(4) 相手に「脅し」を用いる

(5) ゲーム理論の結果を「逆用」する

　といった方法です。そういうやり方について、ここまでは一貫した述べ方をしませんでした。この本の第2部では、こういった "あの手この手" のうまい方法を整理して説明していきます。

　またここまでは、2人のゲームが中心でした。しかし、多人数のゲームも考えなければなりません。本書の第2部では、そういうゲームの説明も行っていきます。

ナッシュの悲劇

　経済学者ジョン・ナッシュ（1928−）は、1994年にノーベル経済学賞を受賞しました。非協力型のゲーム理論への貢献という業績によってです。

　同時受賞者は、ジョン・ハルサニとラインハルト・ゼルテンで、3人ともゲーム理論への貢献が認められての受賞でした。

　ナッシュの伝記には、『ビューティフル・マインド』（シルヴィア・ナサー著）があります。全米批評家協会賞を受賞し、ピューリッツァー賞の候補にもなりました。

　さらにロン・ハワード監督によって、同名で映画化され、アカデミー賞を最優秀作品賞、監督賞など4部門で受賞しました。

　どうして彼の人生が、そんなにも感動的だったのでしょうか。

　天才と呼ばれた彼は、31歳のとき、統合失調症（かつて精神分裂病と呼ばれました）を発病しました。精神が変調をきたし、知能が低下する病気です。

　そして、大学構内をうろついては、黒板になぐり書きをするような日々を送り始めました。学生たちは彼のことを、「プリンストン大学の幽霊」と呼びました。

　21歳で早くもナッシュ均衡という概念を発表し、若くして数多くの研究を行いました。そのナッシュが、誰も思ってもみなかった変貌を遂げたのです。

　ノーベル賞の受賞は、最初の業績から45年後でした。非常に遅れました。精神病者にノーベル賞を贈るべきかで、長く論争になっていたといわれます。しかし、業績に対して与えるべきとして、ノーベル賞はその権威を守りました。

　ただ、ノーベル経済学賞に対しては、一般に他のノーベル賞に比べ

て、基準が甘いという批判が出がちです。

　ナッシュの業績に関しても、数学者から見れば、わかっている理論を小器用に整理した感じに見えます。経済学分野は得だといわれたりします。ただ、経済学の中では、彼の業績は特筆してよいものと思います。

　なお映画は、事実にかなり脚色が加えられた人間ドラマに仕立てられています（観た印象としては、アカデミー賞の値打ちがあるほど人間が描けているとは思えませんでしたが）。

　これほどの不幸を背負いながら、ノーベル賞を受賞したナッシュは、精神障害者への偏見を除き、大きな勇気を与えた人でした。エピソードのいくつかは伏せられることが多いですが、数奇な天才の人生だったといえます。

パート **7**

形勢逆転の
知的トリック

「均衡」「最適」「ジレンマ」といった言葉に、頭が痛くなりませんでしたか？

ゲーム理論をだんだん本格的に勉強するために、基礎編の最後では一転、息抜きとして、知的なトリック問題に慣れていただきます。大逆転の知的ゲームです。

ここで紹介するトリックのいくつかは、パズルとして有名なものです。

プロ野球でも、たとえば隠し球でランナーをあざむいて、アウトを取ることがあるように、トリック技もゲームの展開に重要な影響を与えます。

クイズに挑戦する気持ちで、柔らか頭で楽しんでみてください。

7-1

論理を逆転する

金貸しvs娘

　かつてベストセラーになった本に、エドワード・デボノの『水平思考の世界』がありました。通常の常識的思考は「垂直思考」です。AならばB、BならばC、CならばD……と続いていきます。一方、「水平思考」とは、論理の連鎖を別の角度から見直して、まったく新しい展開を行う思考法です。

　ゲーム理論は、そのような新しい発想法の宝庫だといえます。このような思考の方法が、他者とのゲーム的局面で、しばしば重要になります。

　デボノの書の冒頭にある問題をやってみましょう。古典的なパズルをデボノが利用した問題です。論理を逆転します。

問7-1（石選び）

　昔、ロンドンのある商人が、悪徳な金貸しから、莫大な借金をして困っていました。金貸しは、その商人の美しい娘に目をつけました。そして、ゲームを提案しました。

　金貸しが皮袋の中に、黒と白の小石を1つずつ入れるから、娘が中を見ないで1つ取り出せというのです。

　黒を取り出せば、娘は金貸しの妻になり、借金は帳消しです。
　白を取り出せば、娘は父親と暮らしてよく、借金も帳消しです。

　もっとも、この金貸しは慈善でこのゲームを提案したわけではありません。金貸しは、商人と娘を小石を敷きつめた庭に呼びました。そして、金貸しは庭から小石を拾い上げて袋に入れたのですが、悪辣な金貸しが

手に握りしめた石は、2つとも黒だったのです。しかも、娘はそのこと
を目ざとく見てしまったのです。
　石を選ぶことを拒否すれば、父親は監獄送りです。娘はどうすればよ
いでしょうか。

　取り出した石を庭に落としてわからなくして、こう言えばいいのです。

**「袋に残った石を見てください。それと違う色が、私が選んだ石です
わ」**

　袋には黒い石が残っているはずですから、娘が選んだのは、白だった
ということになります。素晴らしい大逆転ですね。
　たわいないパズルに見えますが、論理というのは「白か黒」「真か偽」
「0か1」の世界だというのが普遍的です。似たようなトリックを実際
の場でも使うことができます。

こんなはずでは……

娘の選択をゲーム理論で考える

なお、このパズルの細部にこだわった人たちもいるでしょう。それを少し検討しておきましょう。

まず、金貸しが不正を働いたのだから、それを暴くほうが優れた作戦じゃないか、と思った人は多いでしょう。しかし暴いたとしても、娘の側にはたいした得点にはなりません。むしろ大きなマイナスです。この機会をつぶせば、父親は監獄送りなのです。

つまりパート1で述べたように、「問題を分解する」ことが大事です。なぜなら、

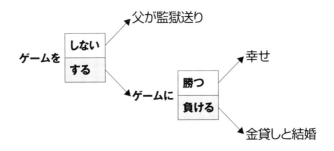

という構造があるからです。

一方、石を庭に捨てたって、見つかってしまったらどうするんだ、という小さな問題にこだわった人もいるでしょう。ここで使った問題はパズルですから、そこまで気にすることはないと思うのですが……。

どうしてもこだわってしまう人には、たとえば小石を飲み込むなどの非常手段を使えないわけではないということだけ言っておきましょう。

非現実的ですって？　とんでもない。現実の事件においても、「証拠書類を食べて飲み込んでしまう」という珍事がたまに起こりますからね。

7-2

少ないほうが得をする

 **悩める靴職人**

　次は、少ないほうが得をすることがあるというゲームです。パズルですから、戯画化した設定を使いますが、現実にも起こる可能性のあるゲームをしましょう。

問7-2（左右の靴ゲーム）

　Aさんは、右靴作りの職人でした。ほかの業者たちは左靴を持っています。片方の靴だけでは、価値はゼロです。しかし、左右を1つずつそろえると、1万円の利益を得られます。

　Aさんは、10足分の右靴を売りに出しました。ほかの業者たちも、合計10足分の左靴を持っています。ところが、ほかの業者たちが結託しているのか、Aさんの右靴を安く買いたたこうとして、全員がこう言うのです。

　「1足1000円の利益をやろう。売らないよりはましだろう」

　そんなことになれば、よそはみんな1足当たり9000円の利益なのに、Aさんだけは利益が少なくなります。

　靴は、左右そろって1万円です。Aさんは、せめて1足当たり5000円の利益がほしいと思っていました。

　さあ、どうしたらいいでしょう。

答は、「1足つぶしてしまって、残り9足を売る」です。

Aさんはほかの業者たちの目の前で、右靴を1足つぶしてしまいました。そして、こう言ってのけたのです。

「1足9000円の利益をくださいな。さあ、買いそこなった人は、利益がゼロになりますよ」

実はこの問題も、「0と1」の論理と同じような状況です。つまり、急激に状態が変化するゲームなのです。

最初、Aさんは、利益が「限りなくゼロに近い状態」を飲まなければなりませんでした。利益がないよりはまし、という状況に追い込まれていました。

しかし、1足減らしたとたん、突然、Aさんの利益は「限りなく1万円に近い状態」を実現できるようになりました。急転直下、状況が一変したのです。

これは0か1かの論理に似て、両極端のどちらかに振れるゲームです。

同様の現象は、生鮮食品市場などでもちょくちょく起こります。

たとえば、野菜を1割か2割ほど作りすぎて、それが卸売市場に持ち込まれたとします。「供給過剰」状態です。

通常、この状態では、野菜の価格が半値以下に暴落することが稀ではありません。競りの場は「買い手市場」になってしまって、売り手の利益が極限まで小さくされます。赤字でも売らなければならない状態です。

逆に、異常気象の後などに、入荷量が1割か2割も減ると、一気に「売り手市場」に変貌してしまいます。野菜の価格が2倍以上に暴騰する、といったことも起こるわけです。

過剰生産状態になったとき、農家は野菜を捨てるという極端な行動をとることがあります。輸送料も出ないときです。そうやって、出荷される野菜の量が減少してくると、市況が回復してくるのです。

製造業においても「生産調整」や「在庫調整」が大事だということですね。

時にはつぶしてみるもんだ……

7-3

ビジネス・トリック

特許トリック

　ビジネスは、一種のゲームです。相手のトリックにひっかからないように、自分の側が防御しないといけない場合が多いです。

　たとえば次の問題を考えてみてください。実際によく使われる手口の1つです。

問7-3（特許の独占ライセンス契約）

　新興のＡ社が、優れた基本特許を取ったところ、対抗する特許を持っているＢ社が提案をもちかけてきました。

　「貴社の特許の独占ライセンスを契約させていただけませんか。貴社の特許を使ったら、高額のライセンス料をお支払いします」

　Ｂ社は有名な大企業です。Ｂ社で製品を作ってもらった方が、高いライセンス料が入るし、Ａ社にとってはずっと有利だと社長は考えました。

　「素晴らしいお話をありがとうございます。ぜひともお受けいたします」

　はたしてそれでよいのでしょうか。じっくり考えてみてください。

　よく考え直したほうがいいです。これはよくある手口です。「特許を使ったら」というところがトリックです。

　不幸なＡ社は、これで今後は特許料だけで高成長を遂げられる、と甘い夢を見て、早速契約書にサインしました。

ところが、待てど暮らせど、Ｂ社から特許使用料は入ってきません。

「どうして使用料を払ってくださらないのですか」

「おたくの特許を使ってないからですよ。うちの特許のほうを使って、製品を作っています」

「いつ使ってくださるのですか」

「まったく未定です」

　Ａ社の社長は、よくよく考えて、ようやく気づきました。

「これは『特許封じ』の手口だったのか……」

　つまり「独占ライセンス契約」を行うことによって、Ｂ社以外がＡ社の特許を使えない契約をまず結びます。その上で、Ａ社の特許を使いません。これによってＢ社は特に経費を要せずに、競争相手の特許を完全に封じることができるのです。

　これは実はよくある手口で、海外の企業から、こんな契約を持ちかけられたなどの話を聞きます。気をつけないといけません。

　このようなインチキを防ぐのは簡単です。まず最初に高額の「契約料」をふっかけます。それとともに、特許を使わなかった場合にも支払われる、年間の「基本料」を高額に設定しておきます。

　つまり、「相手が使わなくても、損はしない契約」にしさえすればよいのです。その上で、独占契約でないことを要求すれば、Ｂ社はシッポを巻いて逃げていくことでしょう。

 **企業買収ゲーム**

　TOB（テイク・オーバー・ビッド）という「株式の公開買付」が、企業買収によく用いられる手法になりました。日本では1971年に導入されています。その後、1990年の法改正で使いやすくなり、それ以後TOBが増加しています。

　バイオやＩＴなど先端技術分野で、ある企業の技術と人材を丸ごと買うなど、TOBは非常に戦略的に用いられています。

　企業買収にはいろいろなゲーム的手法が用いられますが、下記問題もその１つとして参考にしていただくとよいでしょう。

問7-4（2段階の買収作戦）

　Ａ社は、Ｂ社を企業買収したいと考えていました。

　Ｂ社の現在の株価は800円です。しかし、実際には1000円の価値があると思います。

　ところが、現在の株主たちと直接交渉しても、簡単に株を売ってくれるとは限りません。また、極端に高い値段をふっかけられてもまずいです。

　Ａ社の社長は考えました。

　「そうだ、2段階の買収作戦でいこう」

　さて、どのようにしたのでしょうか。

　このような場合１つの方法として、「今なら900円で買う、後なら800円」などと交渉することが有効です。

　「今なら900円です。しかし2回目の価格提案は、800円に下がります」

　Ａ社の社長は、株主たちにこのような手紙を送ったのです。その結

果、900円なら市中価格である800円より高いですし、今売るのが得だと
たくさんの株主たちが了承しました。

　B社側としては、 1株1000円と見積もっていましたので、この場合む
しろ安く買えたことになります。

　なお、知らないうちに株の買い占めが進んでいた場合など、会社を乗
っ取られてしまうといった悲劇的な買収劇もありますね。そんなときに
は、第三者割当増資で、株数を一挙に増やしてしまうのも、防御法とし
てよく用いられます。

7-4

ゲームの達人

 勝ち逃げの極意

　ゲームでは、いかに順調に勝ち進んでいるように見えても、最後の最後に判断を誤り、結局負けてしまうということがあります。

　そうならないためには、うまく勝ち逃げする方法も知っておいたほうがいいでしょう。

問7-5（必勝の物まね作戦）

　ゲーム巧者のＡさん、幸運も手伝ってか、ルーレット選手権で現在トップに立ち、1200ゴールドを持っています。

　2位につけてきたＢさん、800ゴールドを持っています。ほかのプレイヤーたちは持ち金がなくなってしまい、最後にＡさんとＢさんの1対1の勝負になりました。

　そこでＢさんは考えました。全額を賭けて、ここは一挙に逆転をねらってやろう。単に赤か黒のどちらかに賭ければ、当たれば2倍です。全額賭けて1600ゴールドになれば、Ａさんに勝てます。

　Ｂさんは「赤に800ゴールド」と叫びました。まさかＡさんが最後に大胆な賭けなどしないだろう、と思ったのです。

　すると、Ａさんはニヤリとほくそ笑みました。Ａさんは自分が必勝だと読んだのです。どうしてでしょうか。

　答は、「ＡさんがＢさんとまったく同じ賭け方をすれば必勝である」ことを知っていたから笑ったということです。

　Ｂさんが赤に800ゴールド賭けたとします。Ａさんもまったく同じ賭け方をして、赤に800ゴールド賭けます。当たれば、2人とも800ゴールドずつ増えます。つまりＡさんは2000ゴールドになって、Ｂさんに勝ちます。

　一方、はずれれば、2人とも800ゴールドずつ減らします。それでもＡさんには400ゴールド残るので勝ちです。

　この「物まね作戦」は必勝法です。ゲーム理論の初歩の初歩といった作戦ですから、知っている人が多かったでしょう。

　Ｂさんの逆転の可能性を残すためには、通常は、勝っている側から手を選びます。そして、負けている側はそれと異なる手を選ぶのが常識です。

　あるゲーム理論の本の著者は、こんな初歩的な手を知らなかったらしく、最後の最後で負けてしまったことを告白しています。

　なお、Ａさんは400ゴールドを超える金額を赤に賭ければ十分です。相手より少しでも多い金額が残ればよいので、より穏やかな勝負で終えることができます。

　これで前半戦は終わりです。

　次の章からは、いよいよ応用編になります。多人数のゲームや、それぞれの状況に応じたゲームについて、より実践的に理解していきましょう。

無念無想で勝つ

　宮本武蔵に『五輪書』という剣道の極意書があります。今も文庫本などで簡単に手に入る薄い本です。

　その「水の巻」の第3章に、「無念無想打ち」という極意が出てきます。最重要の攻撃法だとしています。「身も打つ身になって、心も打つ心になって、無念無想で攻撃する」ことが大事だというのです。

　またその記述の直前に、太刀の技法の第一として、敵が気づかない瞬間に、体も動かさず、心も伴わずに、「一拍子」で可能な限り速く打つことを教えています。

　「無念無想で勝つ」というのは、パート2で述べた「ゲーム理論の基本定理」と一致する考え方です。つまり「確率戦略」の極意だということですね。

　人間の心が入り込むと、確率的にふるまうのが難しくなり、敵に動きを読まれてしまいます。だから、敵に次の動きを読まれずに、最も適切な確率で戦うことを覚えるのが、剣の極意そのものだということです。

　「ものごとの拍子を知る」と武蔵は述べています。確率という言葉がなかった時代です。武蔵は「拍子」という言葉でそれを表現しました。「タイミング」ということでしょうか。

　また武蔵は『五輪書』で、「心」の問題を終始説き続けています。心が邪悪であってはなりません。正しいところを広く見なければ、兵法の達人にはなれません。「心で人に勝つ」というのが第一の極意としました。

　なお、「五輪」というのは、「五大」と同じ意味です。「地水火風空」を五大と呼びます。仏教思想に基づいています。

　最初の4つ「地・水・火・風」を「四大」といいます。宇宙を構成

する基本の4要素（エレメント）だと、東洋・西洋ともに古代から信じられてきました。仏教はそれに「空」を付け加えて、五大を本質だとしたというわけです。

　つまり、「空＝無念無想」は東洋的な概念で、西洋にはなかったものです。東洋人は案外、ゲームに強いのかもしれませんね。

第 2 部

状況別の
ゲーム理論実践

男と女の
恋愛マッチング

「男女の恋愛マッチング」や、「就職」などへの対処のしかたについて考えましょう。どんな方針が有効なんでしょうか。

たとえば、男がプロポーズして、女がそれを受けるとします。この場合、「男には最も有利」、「女には最も不利」というのが、ゲーム理論が導く結論です。

したがって、女性は恋愛でもっと積極的にならなければならない、と考えられます。「選択権を自分が握る」ことをお勧めします。

8-1

男から見たマッチング

 マッチングのルール

　誰と誰とが結婚するか、誰がどこの会社に就職するか、などは二者の間での「マッチング」という問題です。この種の問題は詳しく研究されてきました。しかも、男女の相手選択問題は、人類の歴史どころか、生命の歴史の中で、数限りなく繰り返されてきたゲームです。

　このゲームでは、どんなふうに対戦すべきなのか、どんな結論が得られているのか、などをぜひとも知っておくべきです。

　マッチングは、「双方の合意」で定まります。一方が「イエス」でも、他方が「ノー」なら、マッチングすることはできません。ただし、「イエス」ではあっても、「しかたがない」と妥協したイエスがありえます。もっとよい相手がプロポーズしてくれればよいが、その願望がかなわない場合です。

　結婚マッチングの場合、「妥協のイエス」は、現実的な作戦の1つです。以下では、「男の側からプロポーズする」という場合について考えます。

問8-1 （誰にプロポーズするか）

　男はA君、B君、C君の3人とします。女はaさん、bさん、cさんの3人です。それぞれが誰を好いているかは、次のような順番です。「A君はaさんがいちばん好き」などです。

A君：a＞b＞c

B君：a＞c＞b

C君：b＞a＞c

aさん：C＞B＞A

bさん：A＞B＞C

cさん：A＞C＞B

では男がプロポーズするとしたら、3人は誰にプロポーズするでしょうか。ただし、他の人が誰を好いているかはわからないものとします。

　答は、「A君：aさん、B君：aさん、C君：bさん」です。当然でしょうね。ほかの人が誰を好いているかわからないので、いちばん好きな人にとりあえずプロポーズしてみるべきです。

　このようなプロポーズを行うと、aさんの場合は、A君とB君とがかち合うので、どちらかを選択することが可能です。aさんは「B君のほうがまし」と思っていますから、当然、B君を選ぶでしょうね。

果報は寝て待て

　さてこのままカップリングが成立して、めでたしめでたし……でしょうか？　そうとは限らないのが、ゲームのゲームたるゆえんです。

　aさんは、B君のほうを選びました。でもaさんの本命はC君で、ちょっぴり未練が残ります。aさんは、あなたに相談しにきました。

「B君で決めちゃってもいいかな？」

　あなたは、誰が誰を好きかを熟知しているとします。どのようなアドバイスをしますか？

A君：a＞b＞c
B君：a＞c＞b
C君：b＞a＞c
aさん：C＞B＞A
bさん：A＞B＞C
cさん：A＞C＞B

「即決しないで、待つべきです」というアドバイスが正解です。

　各人の選好順をよく見てください。フラれたA君は、次にｂさんにプロポーズするでしょう。ｂさんは、すでにＣ君からプロポーズされていますが、ここで考えます。そして、「A君がいちばん好き」なので、A君のプロポーズを受けてしまいます。すると、Ｃ君があぶれて、ａさんにプロポーズしにくるという理想の筋書きが実現します！

　ａさんは待った甲斐があって、「いちばん好きなＣ君」からプロポーズされたので、それを受ければよいというわけです。

　最後にフラれたB君は、ｃさんにプロポーズします。ｃさんはほかに相手がいないので、それを受けざるをえません。

　最終的な結果としては、

A君－ｂさん、B君－ｃさん、Ｃ君－ａさん

という３組のカップルができあがります。

　このようにして、ａさんは「待つ」という作戦が効を奏しました。"最愛の人"と結ばれる結果になったのです。

　これは「残り物に福あり」の作戦といってもいいでしょうね。待っていると現在の相手以外から、やがてプロポーズがやってくることがあります。それが来るのを待ってから、最終的な決断を行うという作戦です。

　このようなマッチング法のことを、「ゲール－シャプレイの方法」といいます。ゲーム理論研究家の名前をつけてあります（もちろん名前を覚える必要はありません）。男と女が同数ずつの場合、あぶれた男は、どんどん次の候補者にプロポーズを続けます。そして、やがて全員がマッチングすることになります。

　その時に玉突き的にほかの男たちがあぶれます。そして、最終的に女に受け入れられた組み合わせで、マッチングが成立するというわけです。

8-2

女から見たマッチング

 プロポーズは「する」「される」どちらがお得？

　では、女からプロポーズする場合、どんなカップルができあがるでしょうか。先ほどと同じでしょうか。同一の設定で試してみましょう。

問8-3（女からプロポーズする例）

　女からプロポーズする場合、どんなマッチングが成立するでしょうか。

A君：a＞b＞c
B君：a＞c＞b
C君：b＞a＞c
aさん：C＞B＞A
bさん：A＞B＞C
cさん：A＞C＞B

「A君－bさん、B君－cさん、C君－aさん」でマッチング成立です。

　上記の順位をよく見て下さい。

　aさんはC君、bさんとcさんはA君にプロポーズします。

　A君はbさんを選び、cさんがあぶれます。

　cさんは、C君にプロポーズします。

　C君は、最初に来たaさんとcさんとを比較して、aさんを選びます。

　cさんはしかたがないので、B君にプロポーズします。

　B君は、ほかに誰からも選ばれないので、cさんのプロポーズを受けます。

　よって、答のとおりの結果になります。そしてこれは、前問の結果と変わりません。女性の皆さん、安心したでしょうか。

　しかし、いつも同じとは限りません。次の問題をやってみましょう。

問8-4（男女それぞれのプロポーズ）

　次の結婚マッチングで、①男からプロポーズしたとき、②女からプロポーズしたとき、のそれぞれの結果はどうでしょうか。

A君：a＞b＞c

B君：a＞b＞c

C君：c＞b＞a

aさん：A＞B＞C

bさん：A＞C＞B

cさん：A＞B＞C

男からは、Ａ君とＢ君がかち合って、ａさん側がＡ君を選びます。あぶれたＢ君がｂさんを選んで、そこでおしまいです。

①**男からは、Ａ君－ａさん、Ｂ君－ｂさん、Ｃ君－ｃさん**

女からは、全員がＡ君でかち合って、Ａ君側がａさんを選びます。ｂさんはＣ君にプロポーズし直します。ｃさんはＢ君にプロポーズし直します。いずれも成立しておしまいです。

②**女からは、Ａ君－ａさん、Ｂ君－ｃさん、Ｃ君－ｂさん**

問8-5 （女から見ると）

前問で、女の側の立場で考えると、どちらが有利だったといえるでしょうか。
①男からのプロポーズ
②女からのプロポーズ

Ａ君：ａ＞ｂ＞ｃ
Ｂ君：ａ＞ｂ＞ｃ
Ｃ君：ｃ＞ｂ＞ａ
ａさん：Ａ＞Ｂ＞Ｃ
ｂさん：Ａ＞Ｃ＞Ｂ
ｃさん：Ａ＞Ｂ＞Ｃ

プロポーズしたとき、各人が第何順位の相手と結ばれたかを見てみましょう。前問の答をよく見直しますと、次のようになっています。

①男からプロポーズしたとき

        A君：1番　　B君：2番　　C君：1番

        aさん：1番　　bさん：3番　　cさん：3番

②女からプロポーズしたとき

        A君：1番　　B君：3番　　C君：2番

        aさん：1番　　bさん：2番　　cさん：2番

　女からプロポーズしたとき、bさんとcさんは、希望順位の高い相手と結ばれました。男からのときは、第3順位の相手だったのが、自分側から選ぶと、いずれも第2順位の相手を獲得できたのです。一方、男の側は、自分からプロポーズできないと、B君とC君が順位を下げました。

　よって正解は、「女からのプロポーズが女性にとって有利」です。

　このように、結婚のマッチングでは、「プロポーズする側」が有利です。ここでは例題で示しただけですが、数学的に証明されています。

      ①男からプロポーズすると、「男の側が最適」
      ②女からプロポーズすると、「女の側が最適」

という結果が得られるのです。「主導権を握った側が勝ち」です。このような結果が知られているのに、待ちの姿勢でいる女性たちは、損だと思いませんか。

　プロ野球の場合、「フリーエージェント制」は、マッチングという観点からも、選手側に有利です。

　なお、「独身を選ぶ」という方針も考えられます。自分が許容できる相手からプロポーズされるのでなければ、すべて拒否してしまうのです。独身という選択肢を加えた場合にも、「プロポーズで主導権を握った側が最適」という性質は変わりませんよ。

8-3

マッチングで自分を有利にする方法

 今ここで返事をしてくれ！

　マッチングでは、自分を有利にするには、主導権を握ること以外に
も、いろいろな方法があります。たとえば問8－2では、「待ちの姿勢」
を推奨しました。しかし「即決」を迫ったら、どうなるでしょうか。

問8-6（即決を迫る）

　男からプロポーズするとします。Ａ君とＢ君からプロポーズされたａ
さんは、いったんＢ君を選びました。そして待とうとしました。しかし、

　「即決してくれ。そうでないと、結婚しない」

　とＢ君が迫りました。相手に選ばれた男が全員、即決を迫るとすると、
マッチングはどうなるでしょうか。

Ａ君：ａ＞ｂ＞ｃ

Ｂ君：ａ＞ｃ＞ｂ

Ｃ君：ｂ＞ａ＞ｃ

ａさん：Ｃ＞Ｂ＞Ａ

ｂさん：Ａ＞Ｂ＞Ｃ

ｃさん：Ａ＞Ｃ＞Ｂ

　答は、「A君－cさん、B君－aさん、C君－bさん」のマッチング
成立です。

　最初に男がプロポーズするのは、下記のように第1順位の相手です。

A君：aさん、B君：aさん、C君：bさん

　aさんはB君で即決しました。bさんはC君で即決しました。あぶれ
たA君だけが、cさんにプロポーズせざるをえません。そして即決で
す。各人が、第何順位の相手と結ばれたかを、カッコの中に書くと、以
下のとおりです。

①即決したとき

A君（3）－cさん（1）

B君（1）－aさん（2）

C君（1）－bさん（3）

②即決しなかったとき

A君（2）－bさん（1）

B君（2）－cさん（3）

C君（2）－aさん（1）

　即決を迫った人は得をし、それに応じた人と、あぶれた人は損をする
ことになります。

　就職の場合には、求職者が選んでいると思いがちですが、企業が求人
を出しています。求職者のもとへ、よそから求人が来る前に、内定を出
します。そして、誓約書を取るということが行われます。「青田買い」
戦略です。優秀な人材を確保するには、他社より早く動くべしという考
え方です。これも「即決作戦」のひとつです。

　また「即決を迫る」のは、セールス・テクニックとしてもよく用いら
れる手口です。特にインチキ商品のセールスなどに多く、次のような手
を使います。

① 「今買わないと、これが最後の商品です」
② 「よそから引き合いが入ったので、そちらへ回しますよ」
③ 「今日までなら、豪華な特典付きです」
④ 「今回あなたは抽選で選ばれたので……」

その他、あの手この手があるでしょう。要するに、口から出まかせの「ウソつき」の手口です。

 ## 「ノー」と言えれば恋愛上手

一方、恋のかけひきには、「ノーも作戦のうち」ということがあります。プロポーズを受ける側である女性は、この作戦に精通しているかもしれません。あるいは、精通したほうが有利です。もしご存じないのなら、次の問題を解いてみてください。

問8-7（ノーも作戦のうち）

男がA君とB君、女がaさんとbさんの2人ずつです。
下記のように、相手を好ましく思っています。
男からプロポーズするとき、女はそれを受けるべきでしょうか。

A君：b＞a
B君：a＞b
aさん：A＞B
bさん：B＞A

女性の立場からすると、「ノー」と言ってみるべき例です。
男からプロポーズしますので、原則的には「男有利」です。男同士の第1希望はかち合っていませんので、女がプロポーズを受けると、男の希望通りに決まってしまいます。すなわち、「ノー」と言わなければ、

A君－bさん、B君－aさんとなって、女は2人とも第2順位の相手と結婚しなければならないのです。

ところが、たとえばaさんが「ノー」と言ったとしましょう。フラレたB君は、bさんに求婚します。すると、bさんはB君のほうを選び、結果的にA君があぶれます。そして、あぶれたA君が、aさんにプロポーズしにくるというわけです。

このように女が「ノー」と言うことで、女の側は2人とも第1希望の相手と結ばれました。男の側は第2希望の相手を選ばされましたが。

女の側で、誰か1人が「ノー」と言ったとします。そして、利益を得られたとします。そのとき、次のことが証明されています。

①女は誰も、不利益をこうむることがない
②男は誰も、利益を得ることがない

つまり、女の誰かが「ノー」と言って得をするなら、女の側に一方的に有利です。

 ## 情報を制するものがマッチングを制する

このような状態に持ち込むためには、女の側では「情報交換」が必要です。「誰を好き」、「誰がアタックしてきているか」などの情報です。

そんな情報を詳しく分析することによって、「イエス」か「ノー」かという高度な作戦を立案することが可能になります。「女同士のヒソヒソ話」には、"大きな効用"が隠されている、というわけです。

なお、ノーばかり言っているうちに、だんだんと自分の適齢期が過ぎ去っていきます。異性から恋の対象とみなされなくなる前に、決着をつけなければなりません。基本的には、誰かにノーと言われたら、さっさとほかの相手を探しに行くなど、あきらめのよさも大事でしょう。失恋をいつまでも引きずり続けないことです。

また、ゲーム理論の前提は、第2候補も第3候補もいるなど、"補欠"がいるとしていることです。最高の相手だけをねらうのでなく、現実的な「妥協」という作戦が、人生ではいつも必要になりますよ。

結婚しない日本人たち

　2000年代に入って、「できちゃった婚」が4組に1組以上だそうです。厚生労働省の調べです。

　結婚という人類の最も基本的な営みでさえ、たった1世代のうちに激変してしまいました。

　近年の国勢調査の結果によれば、晩婚化と未婚率の上昇が、日本で特徴的です。少子高齢化とセットになっています。

　20代後半の女性では、未婚率が3人に2人近くで、65.8%に達しました。東京都の場合、2000年にすでにその水準でした。

　20代後半の男性は、未婚率が4人に3人以上の76.4%。東京都の場合は、同じく2000年にその水準でした。

　さらに30代前半の男性でも、未婚率が全国で2人に1人以上の51.8%という高率です。

　一方、ユニセフ（国連児童基金）が世界の結婚率を調べたところ、18歳未満ではバングラデシュが81%、ニジェールが77%です。

　ネパールでは、15歳未満で結婚が40%、10歳未満が7%です。エチオピアでは、7、8歳で結婚するのが一般的だといいます。

　文化が異なると、結婚観が大きく変わります。10歳未満などというのは、いいなずけ（許婚者）といった意味合いが強いのでしょう。

　日本の場合、生涯未婚率（50歳時の未婚率）は、昭和25年（1950年）には、男女とも1%台前半でした。

　しかし2020年には、男28.25%、女17.81%という数字が出ています。1995年の男が8.99%でしたから、年代的には団塊の世代の中高年男性が、多数結婚しそこねたと考えられます。

　結婚しなくなった背景には「高学歴化」「女性の社会進出」「住宅の劣悪さ」「経済の低成長化」「教育費の高騰」「娯楽の増加」など、さ

まざまな原因があるといわれます。

「女性側の価値観」が変わったことも大きな原因です。「専業主婦」、「家を守る」といった考え方が希薄になりました。「三食昼寝付き」では退屈ですから、無理もないことでしょう。

それとともに、男が頼りなく、みすぼらしくなったのかもしれませんね。

オランダなど40近い国々では、同性愛同士も結婚できるという法律が成立しました。もし日本もその傾向が強まれば、女性同士や男性同士の結婚がもっと増えるのでしょうか？

多数決の投票で
逆転する

「多数決」という政治原理は、「民主主義」の根幹です。各種の
投票や選挙で用いられます。

　ゲーム理論分野で扱う話題のなかで、多数決の投票にパラドッ
クス（逆理）が現れるという問題は、民主主義の土台を揺るがす
ほどのテーマです。このテーマにかかわると、ノーベル経済学賞
を取れたりします。

　常識では予想できないような結果ですので、単純におもしろさ
を楽しんでみていただいても結構です。

　しかし、政治的な場でこれを利用すると、結論を逆転すること
も可能です。

「勝ち抜き多数決」で逆転する

 多数決をコントロールする

　多数決で決めたなら、動かしがたい結果であるように思うのが普通です。しかし多数決で決めた結果が、かならずしも安定した結論でない場合があります。その秘密は「勝ち抜き多数決」にかかわっています。勝ち抜き戦では、かならずしも最強の者が優勝するとは限らないのです。

問9-1 （勝ち抜き多数決のパラドックス）

　次期取締役の候補に、Ａ、Ｂ、Ｃの3氏の名前が上がってきました。彼らの中から、1人が取締役に選ばれます。

　会長、社長、大株主の3人で決めようとしたのですが、各人の意見がバラバラです。推薦順位を並べると、表のとおりです。そこで会長が提案しました。

　「まずＡ君とＢ君とで、どちらが適当か、多数決を取りましょう。その勝者とＣ君とを比較して、また多数決で決めるんです」

　大株主がその結果を予想してみました。会長はＡとＢとを比べて、Ａに投票するでしょう。会長の見方では、Ａが第2順位で、Ｂが第3順位だからです。表を見て確かめてください。

　一方、社長はＢを第1順位にしているので、Ｂに投票するはずです。そして、大株主は、Ａに投票します。第1順位だからです。とすると、勝ち残ったＡと、残りのＣとで決戦投票になりますが、どちらが勝つでしょうか。

順　位	会　長	社　長	大株主
1	C	B	A
2	A	C	B
3	B	A	C

　正解はC氏です。

　解説しますと、AとCとの比較では、会長はCに投票します。第1順位だからです。社長もCに投票します。第2順位ですが、Aより上だからです。大株主だけがAに投票します。第1順位だからです。その結果、2：1の多数決で、C氏が取締役に選出されます。

　こういう多数決のとり方は、一見して合理性があるように見えます。常に過半数の賛成で議事を進めていけるからです。過半数が賛成した議事というのは、くつがえすことがほぼ不可能なはずです。しかも、合議制という日本的な習慣に、非常によく合致しています。また、民主主義という世界の基本原則に従った決定法です。これに異論のある人がいるでしょうか。

問9-2（多数決の結果をくつがえす①）

　C氏が選ばれるということなら、会長の意向通りだと大株主は思いました。

　しかし、大株主の推薦は、C氏を最下位としていたのです。

「せめて第2位のB氏なら……」

　というのが、大株主の心の声でした。予想される多数決の結果をくつがえして、B氏を取締役に選任する方法はあるでしょうか。

順　位	会　長	社　長	大株主
1	C	B	A
2	A	C	B
3	B	A	C

　最初の多数決で、大株主がB氏に投票するのが正解です。

　最初の多数決では、会長はA氏に、社長はB氏に投票します。したがって、大株主が自分のつけている順位にさからって、B氏に投票すると、2：1の多数決で、B氏が選ばれることになります。すると、第2回の投票では、会長はC氏に投票、社長はB氏に投票、そして大株主はB氏に投票します（表をよく見てくださいね）。

　その結果、2：1の多数決で、B氏がC氏を破ります。

 自分の思い通りの推薦者を取締役にする

　先ほどの問題は、“ウソの効用”を利用しました。大株主が、自分の意に反した投票を行うことにより、最終結果をくつがえしたのです。

　しかし、そんな方法を使えるだけではありません。もっといい方法が

ありますよ。

問9-3（多数決の結果をくつがえす②）

　大株主は、もっといい方法を思いつきました。

　「みなさんはB氏とC氏が有力候補だと思っていますね。ならば、彼らを最初に戦わせたほうが、納得いく結論を得られるのでは？」

と動議を提出したのです。

　会長と社長は、それに異議を唱えることができませんでした。よって、最初にB氏とC氏のどちらを残すかを、多数決で決めることになりました。さて、最終的に取締役に選任されるのは、誰でしょうか。

順　位	会　長	社　長	大株主
1	C	B	A
2	A	C	B
3	B	A	C

　大株主の思惑通り、A氏です。

　BとCを比較した多数決では、会長はCに、社長はBに、大株主はBに投票します。その結果、2：1でBが勝ち残ります。次に、AとBとを比較して多数決を行うと、会長はAに、社長はBに、大株主はAに投票します。よって、最後に2：1で勝つのは、A氏というわけです。

　大株主の推薦通りに取締役が選任されました。

9-2

投票のパラドックス

 原理はジャンケンと同じ？

　このような奇妙な現象は、「投票のパラドックス」と呼ばれています。

　もともとは、古代ローマ時代から知られていました。紀元100年ころ、政治家のプリニウス（小プリニウスと呼ばれました）が悩んだといわれます。

　フランス革命期の数学者で政治家だったコンドルセも、この問題に直面しました。現在も「コンドルセ・パラドックス」と呼ぶことがあります。『百科全書』で経済学の項目を執筆した人物です。

　また、『不思議の国のアリス』の著者であるルイス・キャロルもかかわっています。彼は本名をチャールズ・ドジソンという論理学者でした。この問題に関する論文を3編ほど残しています。

　近年は主に経済学や政治学の分野などで、詳しく研究されることが多いです。何人かの学者は、ノーベル経済学賞を受けるような業績にまで高めています。

　このパラドックスの基本形は、「ジャンケン」と同じ構造をしています。「AはBより強い」かつ「BはCより強い」が成り立つとします。だったら、「AはCより強い」と思えますが、そうとは限りません。

　たとえば、グーはチョキより強いです。チョキはパーより強いです。しかしグーはパーより弱いですね。

　強さの関係を、「グー＞チョキ」「チョキ＞パー」とすると、かならずしもその連鎖がどこまでも続くわけではないということです。

　民主的な多数決の場合、普通の常識で考えると、ジャンケンと同じことなど、現実には起こりそうにみえません。

　しかし起こるのです。その背後には、「個人の選好の多様性」という問題が潜んでいます。好みは人それぞれです。「多様化の時代」だからこそ、こんな妙なことが起こってしまうのです。

問9-4 （予算配分の議決）

　市議会で、4億円の予算が配分されます。1〜3の案が提出されました。3人の議員A、B、C氏の獲得予算は、それぞれの案について表のとおりです。

　まず、1と2の案で多数決を行い、そこで勝ち残った案と3の案で採決します。採決の順序は変更できません。

　A議員はどのように投票すべきでしょうか。

	A議員	B議員	C議員
1案	2億円	1億円	1億円
2案	1億円	0億円	3億円
3案	0億円	2億円	2億円

　正解は最初に2案に投票し、次も2案に投票することです。

　最初、1案と2案を比較すると、A議員は1案に投票したら2億円で、2案なら1億円です。そこでもしも1案に投票したとします。

A議員：1案に投票し、2億円をねらう

B議員：1案に投票し、1億円をねらう

C議員：2案に投票し、3億円をねらう

　すると結果的に、1案が勝ちます。しかしそのあとで、1案と3案とで多数決をとると、

A議員：1案に投票し、2億円をねらう

B議員：3案に投票し、2億円をねらう

C議員：3案に投票し、2億円をねらう

　となって、結局、3案が勝ってしまいます。その結果、A議員は、獲得予算が0になってしまうのです。

　それを避けるためには、A議員は最初に2案に投票します。すると2案が2：1で勝ち残ります。よって、2案と3案とで投票すると、

A議員：2案に投票し、1億円をねらう

B議員：3案に投票し、2億円をねらう

C議員：2案に投票し、3億円をねらう

　その結果は、2：1で2案が勝利し、A議員は1億円を獲得できます。獲得予算が0になるよりまし、というわけです。

　こうして「次善の策」として1億円を獲得できました。ただ、最初に1案と2案とを比較したときに、獲得予算が少ない2案に投票するのは、自分の地元で選挙民の理解を得にくいでしょう。そこで、採決順序を変更せよとの動議を提出する方法があります。

問9-5（採決順序変更の動議）

　A議員は、「採決の順序を変更してくれ」と動議を出しました。

　最初にどの案とどの案で採決すればよいですか。

	A議員	B議員	C議員
1案	2億円	1億円	1億円
2案	1億円	0億円	3億円
3案	0億円	2億円	2億円

　はじめに、2案と3案でまず採決します。2案と3案との採決では、

> A議員：2案に投票し、1億円をねらう
> B議員：3案に投票し、2億円をねらう
> C議員：2案に投票し、3億円をねらう

　その結果、2案が多数決で通過します。次に、1案と2案の決選では、

> A議員：1案に投票し、2億円をねらう
> B議員：1案に投票し、1億円をねらう
> C議員：2案に投票し、3億円をねらう

　よって、1案が勝ち残って、A議員はめでたく2億円を獲得できます。B議員とC議員は、1億円ずつになってしまいました。このようにして、

> ①自分に有利でない側に投票して、結果的に有利にする
> ②採決の順序を変更して、自分に有利にする

　などの作戦を使うことによって、多数決の結果を変えることが可能な場合があります。他人がどの案に投票するかを知っている場合、それを詳しく調べて、作戦を立案してください。逆転には、票読みが大事です。

交渉・結託・報酬による逆転策

 **水面下工作**

　多数決投票の場では、さまざまな策謀がめぐらされます。自分以外の人々も、できるだけ有利な結果を得ようとして動きまわるのです。

　そういう策謀のなかには、他人と「交渉」したり、「結託」したり、「報酬」を約束するなどの手法があります。「協力ゲーム」の方法です。

問9-6（結託して勝つ）

　最初に2案と3案で採決します。ところが、B議員はA議員と仲が悪い上に、なかなかの策士でした。B議員はC議員に交渉をもちかけ、結託によって、自分とC議員に有利にしようと提案しました。

　B議員は、最高いくら、最低いくらの予算を獲得できるでしょうか。

	A議員	B議員	C議員
1案	2億円	1億円	1億円
2案	1億円	0億円	3億円
3案	0億円	2億円	2億円

最高３億円近く、最低１億円より多く獲得できるでしょう。
少々複雑ですが、Ｂ議員はＣ議員にもちかけます。

「きみは最初に2案に投票しても、後で1案に負けて、1億円しかもらえ
ないよ」

「なるほど……どうしたらいいだろう」

「最初に3案に投票するんだ。すると、3案が最後まで勝ち残る。われわ
れは2億円ずつもらえるわけだ」

「そりゃいい。しかし、せっかくそうしてやるんだ。きみも1億円だった
かもしれないところを、2億円もらえるんだ。9000万円よこせ。おれ
は2億9000万円だ」

「いい手を教えてやったんだから、そっちこそ9000万円よこせ。きみ
は1億1000万円もらえるなら、最初の1億円よりはましだろ」

　というわけで、最高３億円近くから、最低１億円よりは多い、という
範囲です。配分は力関係によって決まります。協力し合っても、分配金
額には“範囲”が生じます。この範囲のことを、「コア」といいます。
　Ａ議員とＣ議員が結託したりなど、交渉が複雑化するにつれて、分配
金額の範囲がいろいろややこしくなります。個々の事例ごとに考えてく
ださい。要するに、もうけをいくらずつに分けようかという分配問題
は、当事者間の話し合いによるのであって、ゲーム理論で一意的に決ま
るわけではありません。

恐ろしい、投票のパラドックスの結果

「投票のパラドックス」は、もっと極端な結果をもたらすことがありま
す。その例を考えてみましょう。こんなにも極端なのかと驚きます。

　年中無休で営業している会社の社員、大田君、中田君、小田君は仲よしです。彼らは、社員食堂の「日替わり定食」の好みについて話しました。7種類の定食がA〜Gまであります。各人がつけた「好みの順位」は、表のとおりです。

　ベスト定食を選びたいので、彼ら3人で多数決を行います。まずAとBを比較して、勝った側とCとを比較して……と、アルファベット順にGまで比較します。では、どの定食がベスト1に選ばれるでしょうか。

順　位	大田	中田	小田
1	A	B	C
2	D	A	B
3	C	E	A
4	B	D	F
5	G	C	E
6	F	G	D
7	E	F	G

正解は、なんと表で最も低そうな位置にあるG定食です！

まずAとBを比較します。各人が、自分の好みにしたがって選ぶと、

　　　　　大田：Ａ、中田：Ｂ、小田：Ｂ

となり、多数決でＢが勝ちます。次にＢとＣとを比較すると、

　　　　　大田：Ｃ、中田：Ｂ、小田：Ｃ

という結果です。よってＣが残ります。そんなふうに続けていきますと、上位がどんどん負けていきます。そして、最後にＦとＧとを比較して、

　　　　　大田：Ｇ、中田：Ｇ、小田：Ｆ

という投票を行い、Ｇが勝ち残ってしまいます。表全体を見わたすと、総合的にはＧが最下位のように見えます。その最下位が、"最高"として選ばれてしまうのです。もしＡとＧとを比較したら、Ａが圧倒的に強いのですが……。実際に試してみてくださいね。

　この問題の場合、最初に中田君か小田君のうち、どちらか１人でもＡ定食への投票に加わっていれば、Ａ定食は他の定食に全勝します。極端に不合理な結果を招かないためには、自分の意に反しても、ときには全体を見わたした決断が必要になるということです。

　なお、かつて首相候補を選ぶのに、与党内で長老たちが話し合いで決めることがよくありました。最初に出てきた候補者は、やがて反対派から対抗馬を出されてつぶされます。その対抗馬も、さらなる対抗馬につぶされます。

　延々とそれを続けて、最後に、国民がほとんど知らない候補者が出てきて、それで決まってしまうということがありました。

　ところが、その候補者が首相になったとたん、女性問題が発覚して、アッという間に辞めさせられてしまったり……。

　これは実話だったのですが、「投票のパラドックス」は実際に国政の場でも起こっているというわけです。

民主主義でノーベル経済学賞

　1972年にノーベル経済学賞を受賞したケネス・アローは、「投票のパラドックス」の現代的理論で有名です。「厚生経済学」といって、福祉の経済学を研究した人です。

　アローが証明した理論は、要するに「最大多数の最大幸福はありえない」といってよいものです。

　「最大多数」とは、「多数決で決める」という意味です。そして「最大幸福」は、「多数決の結果が最善」という意味です。しかし、投票のパラドックスによれば、"最大多数の最大不幸"がありうることになります。

　「最大多数の最大幸福」は、イギリスのジェレミー・ベンサムが提唱しました。功利主義哲学と呼ばれます。「功利」というと聞こえが悪い面がありますが、英語では「ユーティリティ」で、「有益」「効用」といった意味です。アメリカでは「公益」という意味で使われます。倫理思想の一種です。

　ベンサムの思想を引き継いだジョン・ミルは、「古典派経済学の完成者」とも呼ばれました。「男女平等」「少数意見の尊重」などを述べました。「太ったブタよりも、やせたソクラテス」という表現は、ミルの言葉に基づいています。

　この系統の思想は、近代の自由主義社会の主流です。アメリカのハーバート・スペンサーは、社会進化論の立場でそれを引き継ぎました。鉄鋼王アンドリュー・カーネギーなどが信奉者になりました。スペンサーは自由放任こそが善とし、明治時代の自由民権運動のバイブルとして、彼の書は日本でも多数翻訳されました。

　この章で述べたのは、パズルめいた問題でしたが、アローの「一般可能性定理」あるいは「一般不可能性定理」と呼ばれる定理は、そん

な基本思想の中に問題点を発見したものでした。

　また、インド出身の経済学者で、1998年にノーベル経済学賞を受賞したアマーティア・センも、理論的には「投票のパラドックス」系統の人です。アローの影響を強く受けました。

　センは、「自由と平等は両立しない」ことを証明しました。自由主義を押し進めると、所得格差が増大し、平等が失われていきます。一方、平等を押し進めすぎると、自由が失われていきます。センはそんな体系で、「貧困の経済学」を展開しました。

　結論的にいうと、民主主義には欠陥がありますが、それを超える政治思想もない、というのが実情です。

パート **10**

選挙と
勢力争いゲーム

　この章では、選挙の勝ち方や、いくつもの政党や派閥があるときに、自分の側を有利にする方法などを考えます。

　ここで扱うテーマも、民主主義の根幹にかかわっている問題です。しかし、やはりパラドックス（逆理）がしばしば発生します。

　それでも、「民主主義以上に優れた政治システムは発明されていない」とお考えください。私たちは矛盾と付き合いながら、社会でのゲームを続けていかなければなりません。

10-1

真ん中を押さえて勝つ

 **立地争い**

　オセロゲームでは、プレイヤーは盤の端を押さえたがります。4隅に石を置くと有利だからです。ところが、真ん中のほうが有利というゲームもあります。まずそれを考えましょう。

問10-1（海の家①）

　海岸に沿って、海水浴場が広がっています。1軒目のアイスクリーム屋が、浜辺の真ん中に開店しました。次に2軒目のアイスクリーム屋が、新たに開店しようと進出してきました。どの位置に開店したらいいでしょうか。ただしお客は、最短距離にある店へ買いにくるとします。

　　①端から4分の1の位置
　　②端から3分の1の位置
　　③1軒目のすぐ隣

1軒目

海岸

　答えは③です。１軒目のすぐ隣に開店すべきですね。

　たとえば、右端から４分の１の位置に開店したとしましょう。その店より右にいる海水浴客は、すべてその店に買いにきます。その店と１軒目とのちょうど中間までの海水浴客も、買いにきてくれます。

　ところが、それより左の位置（海岸の８分の５に相当します）のお客は、すべて１軒目に取られてしまいます。

　もう少し真ん中に近づけて、端から３分の１にしても、計算してみると、12分の７を取られ、12分の５のお客しか来てもらえません。

　しかし１軒目のすぐ隣に開店すると、ほぼ半分のお客が来てくれます。

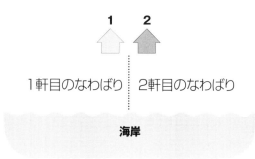

問10-2（海の家②）

　新規開店のアイスクリーム屋は、もっと有利な方法はないかと考えました。

　どうすれば、もっとお客を獲得できるでしょうか。自分なりのアイデアを考えてみてください。

　いろいろ方法はありますが、１つの方法として、１軒目の左右両隣に計２店舗を開店するという手段があります。これなら左のお客も、右のお客も取りつくしてしまいます。「はさみうち」法というわけです。

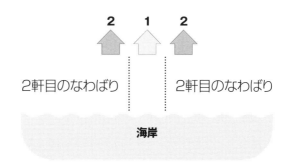

絵にすると滑稽かもしれませんが、ありえない話ではありません。

コンビニを開店する際、このような立地調査がよく行われます。両側がよそのコンビニに挟まれる場所は、開店するには不向きです。

一方、たとえば右手に大きな住宅団地があるとき、既存のコンビニより右に立地できるなら、その店舗は非常に有利です。

一種の「陣取りゲーム」というわけですね。

10-2
選挙戦の戦い方

 ### 陣取りゲームとしての選挙

前節では簡単な練習問題を行いましたが、これは選挙戦の戦い方と同じです。選挙戦では、自分の側を有利にしようとします。その戦い方は、一種の「陣取りゲーム」だということです。お客の獲得ゲームほど単純ではありませんが、同じ作戦を使うことができます。

問10-3 （選挙戦での政策）

あなたは新人として選挙に立候補しました。古参の政治家と一騎打ちです。

古参は〝超保守派〟です。

あなたはどんな政策をアピールしますか。

①超革新派の政策をアピールして対決する

②真ん中までがっちり確保する政策で対決する

③超保守派ぎりぎりまで食い込む政策で対決する

---

②の、「真ん中までがっちり確保する政策で対決する」が有利でしょう。

ひょっとしたら、③と答えた人が多いのではないでしょうか。過半数を取れば十分ですから、真ん中と左さえ確保すればよいのです。

一方、もしも超保守派ぎりぎりの政策で対決しますと、「政策の違い」がはっきりしません。それでは現職に有利になりがちです。政策の違い

を鮮明に出すこと、過半数を押さえることが選挙では大事です。

　なお、③は非常に危険な作戦です。超保守派ぎりぎりまで食い込もうとしたところ、相手が作戦転換するかもしれません。そして、あなたより革新的な装いの政策をアピールしてくるかもしれません。

　アイスクリーム屋の問題とちょっと違いましたね。

　選挙では、まず有権者が最も多いと思われる意見層に対して、それにマッチした政策を打ち出しましょう。

　極端に一方にかたよるのは不利です。残りの票をすべて他の候補者にもっていかれます。また、ぎりぎりまで現職の政策に近づいて、それで失敗する立候補者をときどき見かけます。たとえば2002年には、前知事に対抗しながら、同じ"脱ダム"を掲げて知事選に立候補した人など、「差異」をアピールできないので大損でした。

　「真ん中を押さえる」は、通常の選挙戦で常に使われる作戦です。超保守派の候補者や、超革新派の候補者も、選挙戦の期間中は中立にかなり近づいた演説を行います。

　それとともに、大きな「票田」をわがものにするのが有利です。最大多数の票田を押さえてしまうと、必勝態勢に持ち込めるからです。強力な政党の公認を取りつけるなどですね。

問10-4（真ん中を押さえられた場合）

　あなたは選挙の立候補者です。

　有権者の真ん中を自分が押さえようと思ったのですが、すでに現職が押さえてしまっていました。

　そんなとき、どんな作戦を使えばいいでしょうか。

　いろいろ考えられますが、これまでの「真ん中を押さえれば勝ち」というゲームのルールを変える必要があります。たとえば、相手の人格を突くなど、別の側面から選挙戦を展開します。

　民主主義に基づく選挙は、「陣取りゲーム」の一種ですが、政策が

「左から右まで」の「一直線」ではありません。選挙戦は、非常に多様で多面的だということを忘れないでください。

　たとえば、票田を「2次元平面」で考えてみましょう。そこへ新たな発想で「別の軸」を設定するのです。そして、別の軸の側で、相手より自分を有利な戦いに持ち込みます。

　選挙は仁義なき戦いだという一面がありますので、「相手の人格攻撃」「過去の失政を突く」など、いろいろな作戦があります。「相手が公約を守ってこなかった」など、相手のウソつきぶりもよく攻撃対象にされます。

　また、「強力な応援者を呼んでくる」のも、非常によく使われる方法ですね。

10-3

選挙区制で戦う

 死に票の計算

　知事選挙や市長選挙なら、たった1人を選べばよいだけですが、衆議院選挙や参議院選挙は、たくさんの選挙区で戦われ、多くの当選者が出ます。「選挙区制」の場合には、また別の問題を考えなければなりません。

問10-5（選挙区制で戦う）

　100の選挙区があります。各選挙区に議席が1つずつあり、計100議席です。与党は支持率51%、野党は支持率49%で、与野党の対決選挙です。

　さて、与党は最大何議席まで獲得できるでしょうか。

　正解は、100議席です。51議席ではありませんよ。

　なぜなら、各選挙区で51：49で勝てるからです。すると、全選挙区の議席を獲得できてしまいますね。一方、野党側は獲得議席数が0です。

　選挙には、この簡単化した例のように「死に票」という問題が伴います。支持者数での比例配分なら、議席は51：49で、与野党伯仲となります。しかし極端な場合には、49%すべてが死に票となって、与党独裁政権をつくることも可能だといえます。

　たとえば、自民党が59.4％もの議席を獲得した1986年の衆議院選挙の場合、自民党の得票率は49.4％でした。その前回の1983年には、自民党の得票率は45.7％、議席率は48.9％で、議席は過半数を割っていました。得票率がたった3.7％アップしただけで、議席率が10.5％も増加したのです。

　こういうことを可能にするためには、票読みにたけた選挙参謀の存在が必要です。

　一般に、「小選挙区制」の場合、与党と野党は、両方とも中庸に近い政策を掲げます。そして、弱小政党の入り込むすき間を少なくして、「2大政党体制」に進んでいくことが多いといわれています。アメリカが典型例です。

　特に，支持者層がごく少ない弱小政党の場合には、選挙でほとんど議席を取れないということがよく起こります。2大政党の激突という構図ですから、個性を発揮しにくくなってしまうのです。

　そういう際に、弱小の野党同士は、「選挙協力」という作戦をよく使います。相打ちを避けるためです。

問10-6 （選挙協力）

　与党が4割の支持率、第2党が3割5分の支持率、第3党が2割5分の支持率です。

　このまま戦うと、全選挙区で与党に負け続けそうです。

　どうしたらよいでしょう。

　第2党と第3党とが選挙協力を行い、共同して候補者を立てればいいのです。この問題はやさしいですね。

　選挙協力をしなければ、全選挙区で与党が勝ち、死に票が6割にも達します。死に票が過半数状態です。しかし野党が各選挙区で協力し合い、どちらかの候補者しか立てず、それで投票を共同で行えば、野党側の候補者に集中します。これなら多くの選挙区で勝つことが可能です。死に票も4割に抑えられます。

　考え方はやさしいのですが、実行するには、個々の選挙区で話し合いを行わなければなりません。なかなか難しいときも多いものです。それでも選挙協力はよく行われています。地方の知事選挙の場合、各党相乗りの候補者が当たり前だったりしますね。各党相乗り、全員無所属が珍しくないから、政党選挙の危機的状態だということにもなりかねませんが。

　また、「比例代表制」という選挙方式も取り入れられています。死に票をできる限り少なくする方式です。各党の得票数にしたがい、それにほぼ比例する議席数を割り当てていきます。そして各党とも、比例順位が1位の候補者から順に当選と決まります。

　ただしこの比例代表制にも、奇妙なパラドックスが起こります。何をやってもうまくいかないという例ですが、章末の豆知識をご覧ください。

10-4

キャスティング・ボートは誰の手に？

 政党間の勢力バランス

　選挙では、できるだけ多数の当選者を出すのが基本です。ところが、単純に当選者数が増えたからといって、政治の場での力が強まるとは限りません。まさかと思われるかもしれませんが、それが民主制政治なのです。次の問題をやってみてください。

問10-7（政党間の勢力関係）

　全部で100人の議員で、国会を構成しています。

　議員は、A党、B党、C党の3つの党から出ています。

　選挙前に、各党の構成は以下のとおりでした。

> 選挙前　A党：52人　B党：28人　C党：20人

　あなたはC党の党首ですが、以下のような選挙結果を見て、引責辞任さえ考えました。

> 選挙後　A党：48人　B党：40人　C党：12人

　原因は、B党の大躍進でした。その結果、あなたの党は、4割も当選者を減らしてしまったのです。さて、C党の影響力は大幅に落ちたのでしょうか。

　そんなことはありません。A党が過半数割れを起こしたことが、C党の影響力を高める要因となりました。

選挙前、Ａ党は絶対多数でした。野党がいかに共闘しようとも、Ａ党の決めることをまったく止めることができませんでした。ところがＢ党が躍進した結果、Ａ党が過半数割れを起こしました。選挙後の勢力図では、Ａ党が何かを決めようとしたら、野党のどちらかの協力が必要です。

またＢ党が何かを決めようとしても、Ａ党かＣ党かの賛成が必要です。結果的にＣ党には、Ａ党からもＢ党からも、連立政権の誘いがかかることでしょう。

 ## 連立政権ができるまで

長年の第１党が過半数割れを起こし、野党の１つに連立政権を申し込んだ場合、野党側は非常に有利に立ち回ることが可能です。

1994年に日本で成立した村山富市政権の場合、与党の自民党と、野党第１党の社会党が連立しました。そして、社会党側から首相が誕生したのです。1955年体制の崩壊だといわれました。

大きい側が過半数割れを起こしますと、小さい側はいわゆる「キャスティング・ボート（最終的にどちらになるかを決める票）」を握ることができます。投票においては、「キャスティング・ボート」を握っている人は有利です。何でも自分の側を有利にする展開が不可能ではありません。小さい側の党がイエスと言わない限り、大きい側は何も決めることができないからです。

ただ、日本の場合、連立政権を組んだ後の選挙で、小さな党の側が大幅に議席を減らすということがよく起こりました。結局、第１党に食われていったのです。その点では、連立後の作戦が必要です。うまくふるまうことができなければ、かならずしも得とは限りません。

連立政権を組んだ場合、小さな政党側が注意しないといけないことがあります。それは、問10－３で述べた問題です。「②真ん中までがっちり確保する政策で対決する」か、「③超保守派ぎりぎりまで食い込む政策で対決する」かの選択を誤ったということです。

大きな政党とそっくり同じことを言っていますと、小さな党の「特色」をアピールできません。それでは選挙で不利になってしまいます。

また、過去の支持者を失います。そこで連立政権を組みながら大きな党に適当に反対し、キャスティング・ボートを握り続けます。そして、「小が大をコントロールする」という能力を見せつけたなら、次の選挙でも非常に有利になることでしょう。

そのためには、連立政権の組み替えが起こらないように、"離れられない関係"を構築するのに腐心したり、あるいは他の野党を牽制したりするなどの作戦も必要になってきます。

なお、通常のゲーム理論では「シャプレイ値」という値を使って、このような勢力関係を計算します。

政党間のすべての組み合わせを考えて、自分の党がキャスティング・ボートを握れる組み合わせの数を計算します。全組み合わせのうちで、そんな組み合わせがいくつあるかの割合がシャプレイ値です（ややこしいので、わからなくて結構です）。

もちろん、数値計算ができなくても、相手との呼吸で勢力関係を測れますから、個々の事例で考えていただくのがよいでしょう。要するに政党間の勢力図は、他党との「関係」によって決まるのです。

比例代表制のアラバマ・パラドックス

　比例代表制では、「得票数が増えても、議席数が減ることがある」という奇妙な現象がたまに見られます。

　それを「アラバマ・パラドックス」と呼びます。1881年にアメリカで発見されたという古い問題です。

　選挙ではなくて、選挙のための定数配分の際に見つかりました。人口に従って議席を配分していきますので、比例代表制選挙の当選者決定と同じ仕組みです。

　その年、下院の定数が増えたので、各州の議席数を計算し直しました。

　人口比が同じままですと、各州の議席数は、「増えることはあっても、減ることはない」と考えるべきです。

　そこで議席を配分し直してみると、なんとアラバマ州だけは、議席数が減ってしまったのです。

　比例配分には、いくつか満たすべき条件があるはずです。

　①人口の多い地区には、少ない地区より多くの議席を配分する。

　②人口比で決まる小数値に対して、小数点以下を切り上げたか、切り下げたかの数値以内におさめる。

　③総定数を増加させたとき、各地区の議席は増加することがあっても、減ることはない。

　④全国における人口に占める比率が高まった場合、議席数が減少することはない。

　ところが、理論的にどうやってみても、この条件をすべて満たすことはできないことが知られています。つまり、アラバマ・パラドックスはどこででも起こるのです！

　かつて日本に比例代表制が導入されたころ、あるコンピューター雑

誌が日本のケースについて計算しました。

　小選挙区の総定数を300名とします。鳥取県の人口比が、1987年から1990年にかけて、0.505%から0.498%に減りました。

　ところが、1987年の定数配分は1名、1990年の定数配分は2名になるというのです。人口が減ったほうが、議席数が多くなるというわけです。

　議席数1名が2名に増えて、しかも人口が減ったのでは、1票の重みの格差が2倍を超えてしまいます。

　理論上は、そんな格差を避けられないというのが、ゲーム理論のシビアな結論です。

　たとえ憲法違反だといわれようと、数学的にはどうしようもありません。本当に困ったものですね。

新規市場に参入して
戦う法

　ゼロサム型の社会では、安定状態にある市場を、複数の企業が
食い合うことになります。市場というパイが1枚あったとき、そ
れをどんな割合で切り分けて取り合うかということです。

　既存企業がパイの取り合いを演じているとき、そこへ新規参入
するのはたいへんです。しかし、そういう“変化”にチャレンジ
しないことには、ジリ貧になってしまいかねません。

　この章では、新規市場への参入というテーマを中心にしながら、
「多人数型のゲーム」を考えていきます。

合理的なブタのゲーム

小ブタが大ブタに勝つ論理

　一般に、小さな企業は弱く、大きな企業は強いと思われがちです。しかし大きな企業にも弱点があって、小さな企業が有利な場合があります。まず、大きな企業の弱点を、思いつくままに並べてみましょう。

(1)大きな企業には「総身に知恵が回りかねる」という欠点がある。冗長なオーバーヘッドの多いピラミッド型組織で、動きが鈍い。

(2)大きな企業では、過去の成功体験に安住する人々が増え、次第に斬新な発想を失っていきがちである。減点法で人材を育ててきたために、「守りの経営」におちいってしまうことが少なくない。

(3)大きな企業は、成熟市場でビジネスを営んでいることが多い。したがって競争相手が多く、利益率が低い傾向がある。

(4)大きな企業は、一般に「合理的に考える」のが得意だが、合理的に考えているはずという自信がわざわいし、失敗することがある。

(5)大きな企業が腐敗して、モラルハザード状態におちいっていることがある。バブル経済崩壊後の日本やアメリカの状況がそうで、モラルを問うことによって、大手がもろくも瓦解することがある。

　それ以外にいくつもあると思います。自分で数え上げていただくとよ

いでしょう。相手の弱点を見つける訓練をすることから、だんだんゲームに強くなっていきます。

問11-1（合理的なブタ）

「合理的なブタ」と名づけられているゲームがあります。あなたは小さなブタ、相手は大きなブタです。1つのオリの中に一緒にいます。

　オリの一方の側のレバーを押すと、反対側の一角に一定量のエサが出てきます。レバーを押したブタは、反対側まで走らなければなりません。

　しかし、押さなかったブタは、エサ場で待ち受けていて、先にエサを食べ始めます。しかも、小さなブタがレバーを押したとき、大きなブタが先に食べ尽くしてしまうのです。小さなブタは消耗するだけです。

　一方、大きなブタが押したときには、小さなほうに有利ですが、大きなほうにも少しは利益があります。

　なお、めったにないですが、2匹が一緒に押した場合、大きなほうが有利です。

　では、その時の利益を表にした場合、どちらのブタがレバーを押すと考えられるでしょうか。

小 ＼ 大	押す	待つ
押す	小:1 大:2	小:−1 大:4
待つ	小:2 大:1	小:0 大:0

大きなブタがレバーを押します。

　大きなブタがレバーを押す場合（左側の列です）、小さなブタは「待つ」が有利です。また、大きなブタが待つ場合（右側の列です）、小さなブタはやはり「待つ」が有利です。数字を見比べてくださいね。

　結果的に、小さなブタにとって、「待つ」が「絶対優位」の作戦ですよね。よって、小さなブタはけっして動きません。

　一方、大きなブタが合理的だったなら、それを考えに入れた上で行動します。小さいほうが待つ場合、大きいほうは「押す」が有利です。なぜなら、押すと利益1、待つだけだと利益0ですからね。

　よって、大きなブタがレバーを押し、小さなブタの利益は「2」、大きなブタの利益は「1」になります。

　この問題の場合、パラドックスはありません。小さなブタは最良の結果を手に入れています。大きなブタを利用して、小さなブタが最良の結果を手に入れるなんて、ちょっと痛快な解釈のゲームですね。

現実にも「合理的なブタ」は起こる？

実世界でこれに似た現象を起こすためには、「利益の配分ルール」が大事です。直観的な例で述べてみましょう。

たとえば、インターネット上に「電子商取引サイト」を開いて新規参入するとします。大企業側は、通信インフラを提供しています。新参者の小企業側は、電子商取引サイトです。

大企業側は、通信インフラをどんどん拡張します。しかし、通信事業者間の競争が激しくて、「利益なき繁忙」状態におちいっているとします。そして、小企業の電子商取引サイトに回線を安く提供します。

その結果、大企業が通信インフラを増強するにつれ、小企業側はほとんど「濡れ手にアワ」の状態で、自分のところの電子商取引サイトへのアクセス量が増えていきます。そして、利益は小企業側がうんと多く手に入れます。これが「合理的なブタ」の状態です。

ところが、「利益の配分ルール」が変わると、一転して、大企業側が有利になってしまいます。「価格決定権」を大企業側が押さえてしまったとします。すると、大企業が小企業に対して、ぎりぎりまで高い通信料金を請求します。小企業が電子商取引で稼ぐと、その利益のほとんどが大企業側に吸収されてしまいます。

このゲームは、小さなブタという比喩で述べられています。だから、口当たりがよいかもしれません。しかし、実態は「搾取のゲーム」だということです。通常は、小さなブタがレバーを押し（つまり「働く」という意味）、大きなブタがその利益の大半をせしめてしまうのかもしれません。

小さなブタと大きなブタ、どちらが有利になるかは「利益の配分ルール」によります。ルールを自分の側に「絶対優位」にした側の勝ちです。

11-2

チェーンストア・パラドックスを解決する

 FCに対抗するゲーム

　大手のフランチャイズ・チェーンストア（ＦＣ）があって、あちこち　たくさんの町に店を出しています。それに対して、それぞれの町で、小さな小売店が新規参入して、大手のパイを奪おうというゲームを考えます。

　このゲームは、「チェーンストア・パラドックス」と名づけられています。

問11-2（チェーンストア・パラドックス）

　どうせのことだから、パイを販売するチェーン店だということにしましょう。

　すでにチェーン店がパイの店を出している町で、小さな小売店が参入するかどうかを決めます。

　それに対して、大手チェーン側が、「協調」か「攻撃」かを決めます。

　枝分かれで書くと、図のような「ゲームの木」で表現できます。

　小売店が参入しなければ、小売店の利益は0で、大手の利益は2です。

　ところが小売店が参入した場合、大手は協調で利益を分け合うか、攻撃して互いに損をするかです。

　さて、小売店はどう決断し、大手はそれにどう応じるでしょうか。

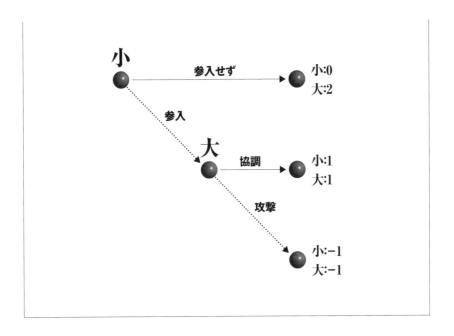

　小売店は参入するべき、が正解です。そうすれば、大手は協調します。

　小売店は先読みします。自店が参入した場合、大手はどういう作戦をとるかです。大手側は、協調すれば利益1、攻撃すれば利益−1です。攻撃で値下げ競争をするよりは、協調せざるをえないと考えるはずです。

　すると、小売店は、参入すると利益1、しないと利益0だと先読みできるわけです。よって、小売店は参入し、大手はそのとき協調を選ばざるをえません。

　このゲームの場合、大手にとっては「協調」が優位です。そして、そのもとでは、小売店は「参入」が優位です。よって参入を選ぶことになります。しかも、それぞれの町でこのゲームが展開されます。結果的に大手のチェーンストアは大被害というわけです。

現実に小は大に勝てるのか？

なんだか現実に合わないようなゲームですね。だから「パラドックス」と呼ばれています。

何が現実に合わないかというと、「大手がそれほど協調的か？」という点です。次のゲームをやってみてください。

問11-3（大手の逆襲）

チェーンストア・パラドックスで、大手が逆転する方法を考えてください。

このゲームを無理に表の形にすると、下のようになります。

小＼大	協調	攻撃
現状維持	小:0 大:2	小:0 大:2
参入	小:1 大:1	小:−1 大:−1

大手チェーンはあらかじめ、「新規に参入するならば、協調せずに攻撃する」と宣言しておくのが有利な作戦でしょうね。

問5－1の「キューバ危機」、問5－5の「次世代製品の開発戦略」で採用したのと同じ、「脅し作戦」です。この問題が解けるようなら、あなたはゲーム理論ですでに中級以上の実力をもっています。

脅せば、表で右側の列を使うしかなくなります。そのとき、小売店は

現状維持を選んで利益０、一方、大手は利益２という最良の結果を得ます。

このような現象が起こるのは、「参入－協調」というマス目が、双方から見て均衡しているのではなく、一方だけの「不完全均衡点」であるためです。そんなときに、先手を取って脅すことなどにより、均衡を破ることができたりします。

また、ここで大事なのは、「相手が打つ手を推測する」という能力です。チェーンストア・パラドックスの図や表を見て、単純に勝てると思ってはいけません。こんなパラドックスは現実には成立しないからです。

通常、大きい側は次のような手を使います。

①最初にどこかの町で新規参入しようとした小売店があるとき、「攻撃」作戦を仕掛けます。そして、その小売店をたたきつぶしてしまいます。

②その「情報」がほかの町にも伝わっていきます。

③その結果、どこの町でも大手に戦いを仕掛けなくなります。

これは「情報の効果」です。大手はどこか１ヵ所の町で戦いのコストを払って、ほかの町では全勝します。

それでも大手に食らいつくには？

それがわかった上で、それでも大手の利益のウワマエをはねる方法があります。いわゆる「小判ザメ商法」です。

たとえば、大手スーパーマーケットのチェーン店が、ある町に出店したとします。すると、お客を取られて被害を受ける店が多いでしょう。

しかし、大手の「集客力」を利用することによって、かえって売上を伸ばすというチャンスにも利用できるのです。

その典型的な方法は、大手スーパーの近くに店を構えることです。ただし、商品はあまり競合しないように決定します。

大手は集客のために広告をどんどん出し、かなりのコストを使います。小さな店はその集客効果にタダ乗りして利用しようというわけです。

　その結果、大手が大量に集客してくれるおかげで、小判ザメ的にそのおこぼれを拾い、小売店がかなりの利益を得るという仕組みです。

　大手も自分自身の集客力をよく知っています。だから自分の建物を大きくして、小さな店をテナントとして入れる、という作戦を取ったりします。

　このように、テナントとして入れると、大手側はいくつもある小さな店に広告費用を分担させることが可能になります。賃貸料収入も入ります。

　単なる小判ザメよりも、協調的な関係を築けます。お互いにまずまず協調しつつ、両者が利益を得る仕組みです。

「チェーンストア・パラドックス」という基本的な例題から考えていくだけでも、このようにして、いろいろなゲーム的テクニックを使えます。

　ゲームに勝つためには、単に教科書を読んでいるだけではいけません。自分でゲームとその解を創造することが大切です。

11-3

大手企業同士を競わせて勝つ

 「漁夫の利」を手に入れる

　小さな企業が新規参入を図る場合、「小企業vs大企業」という構図ばかりを考える必要はありません。

　自分は“漁夫の利”を得ようという作戦があります。つまり「大企業vs大企業」というゲームを仕立てます。そして既存の大企業同士を戦わせます。彼らが戦っている間に、そのウワマエをいただく作戦です。

　大企業は、成熟市場でビジネスを行っていることが多いものです。しかも競争相手が多く、利益率が低い状態です。だからこそ、「小が大を手玉に取る」というワザが可能になることがあります。

問11-4（コア・コンピタンスで価格決定権を握る）

　他社がまねのできないような、「核になる競争力（コア・コンピタンス）」をもった新製品を開発しました。それがあなたの会社です。

　その製品を必要としている大企業が2社ありました。A社とB社です。彼らは互いに競合関係です。

　A社は「年間1万個ほしい」と言ってきました。
　B社も「年間1万個ほしい」と言ってきました。

　あなたなら、「年産2万個の生産ライン」をすぐに作りますか。

すぐ作らないほうがよいでしょう。問７－２の「左右の靴ゲーム」を覚えているでしょうか。ほかの業者が必要とするだけ右靴をつくると、徹底的に買いたたかれます。しかし、右靴が不足する状態におくと、「交渉」によって、目一杯の利益を得ることも可能です。

それと同じなのです。Ａ社とＢ社は競合関係にありますから、競わせたほうが得です。生産ラインは慎重に導入しましょう。

なお、実際のビジネスは、机上の靴ゲームよりずっと複雑です。取引を始めたのはいいが、あなたが突然、不利な状況におかれてしまうことがあります。

たとえばあなたの会社は、何とか費用をひねり出して、「年産１万8000個」まで生産設備を導入しました。ところが突然、Ｂ社が自社技術を開発して、あなたの会社の技術を必要としなくなってしまいました。

たいへんだと頭を抱えているところへ、Ａ社がやってきました。

「今後は２割引きで納めてくれ。おたくはうち以外と取引がないんでしょ」

こうなっては、あなたにたいした交渉力はないでしょう。

生産設備に投資したり、人員を新たに雇ったりすると、あなたの会社は恒常的な費用負担を抱え込むことになります。操業し続けないことには、設備や人員を維持することはできません。通常、相手企業はそれを見越して交渉してきます。

たとえＢ社も取引関係を続けていたとしても、いったん設備が導入されますと、「価格交渉ゲーム」を避けられないと思うべきです。成熟市場の場合は特にそうです。しかも、Ｂ社が取引を停止するなど、あなたには「先を読む能力」も不足していたと思われます。その点で交渉において特に不利です。

一方、本当に競争力をもった会社の場合、大手企業と「協力関係」を築けることがしばしばです。あなたは提案しました。

「うちの会社は、継続的に新技術を開発していく力をもっています。その力をそぐような契約関係よりも、それを伸ばす契約関係の方が、貴社にとってもお得でしょう」

　結局のところ、企業間関係は長い付き合いになります。あなたの会社が「優れた人材」を抱えていれば、大企業と伍してやっていくことが可能なはずです。

 ## 美人がお高く止まるのにはワケがある

　他人同士を競わせるのは、非常に有力な作戦です。美人の女性も、よくこの作戦を使います。A君とB君を競わせたほうが、たくさんプレゼントをもらえるでしょう。自分がうんとチヤホヤしてもらえます。何であれ、自分に有利な条件を引き出しやすくなるのです。

　美しさというコア・コンピタンスがあれば、それが十分に通用するというわけです。

　また、「大と大を競わせる」という作戦は、プロ野球選手の「フリーエージェント制（FA制）」もその典型です。アメリカでは1975年に、裁判所がFA制を義務化しました。その結果、プロ野球選手の年俸は劇的にはね上がりました。球団同士を契約額で競わせることができるようになったからですね。

ベンチャーは「ニッチ市場」から入るべき

「ニッチ（niche）」とは、「すき間」と訳されることが多いです。本来の意味は、壁にくぼみを作って、飾り物を置くようにした小さなスペースのことです。

生物学では、「棲み分けている場所」といった意味で使います。つまり、「よそ者が入ってこないような、ちょっとした縄張り」です。

産業としてのニッチを見つけますと、競争相手がほとんどいなくてすみます。非常に有利です。ゲーム理論的に、ベンチャー企業にお勧めしておきます。

大企業が手を出さない程度の小さい市場を見つけてください。

超大手の企業となりますと、年商1000億円クラスのマーケットでないと、社内で評価もされないといった状況だったりします。それほど極端でなくとも、年商100億円未満の市場なら、ベンチャーが容易に生き残りやすいものなのです。

たとえば、野球用品といっても、「キャッチャー用マスク」の市場はごく小さいです。かつて聞いた話ですが、日本では、東京と大阪に1社ずつあるだけとか。東京にある専業メーカーといえど、社員13人の企業だと紹介されていたりしました。

市場は確かに存在するのですが、大手企業はけっして入ってきません。大手ブランドでも販売されていますが、OEM（相手先ブランド販売）という扱いで、実際はニッチ企業から納められているわけです。

日本では、ベンチャー企業の育成が重要だと叫ばれています。ベンチャー育成は、アメリカから何十年も遅れてしまいました。近年になってからしきりに奨励されています。

そのなかでも大学発ベンチャーは、高度な技術を世の中に広める効果があります。ただ、ハイテクは大手と競合することが多いことに、

大学発のベンチャーの方は注意してください。周辺特許を大手ががっちり押さえるなどして、ベンチャーの前途をはばみますから。

しかも、政府の政策としては、「技術を広める」のは支援します。しかし、大手と戦ったとき、「ハイテク・ベンチャーを守る」という意識は意外に希薄でしょう。大手が技術を吸収して、国際競争力をつけてくれるほうが、日本にはずっと有利ですから。わかりますか？

なお、ＩＴ関係のベンチャーを昔から見ていても、日本ではハードウェア系のベンチャーはつぶされたり、日ならずして青息吐息におちいることが多かったようです。大手はハードが得意で、真っ向からぶつかったからです。

一方、ソフトやサービスは、大手にとって苦手分野ですし、ニッチ市場が多かったので、かなり生き残りやすかったようです。

こういう状況は、日本国内では今後も続くでしょう。すき間であること、大手と競合しないこと、などが基本戦略です。ハイテクよりも、比較的ローテクのベンチャーのほうが安全性が高かったりします。

分業と海外移転で
デフレを制する

　多くの新興国が急成長をしているために、先進各国はますます
苦境に追いやられました。このまま先進国は落ちぶれるばかりな
のでしょうか。

　ここでは、グローバル化時代を、ゲーム理論的な発想で考え直
します。分業を行ったり、海外移転を行ったりなど、海外諸国を
相手にしたゲームです。

　いわばグローバル化時代の「国際競争力」のゲームです。デフ
レに勝つための考え方を練り直してみます。

　もちろん、国内での分業体制や、競争力を強化するゲームでも
ありますので、そのつもりでお読みください。

12-1

技術移転のゲーム

 産業空洞化がなぜ起こる？

たとえば、中国やインド、韓国や台湾など、アジア諸国と日本を比較したとします。

人件費はアジア諸国のほうが安いところが多いです。

人材は同程度と言いたいですが、日本は世界一の高齢化が進展しています。また会議ばかりで時間をつぶします。だから、新興国のほうがよく働いているといえるでしょう。

技術力はというと、アジアの技術力は十分すぎるほど高いです。半導体やコンピューターなどで、日本を超えるシェアを誇っています。なぜ新興国の技術力が高いかというと、先進各国の企業が、積極的に「技術移転」を行ってきたからです。そして、新興国はそれらの技術をもとにしつつ、自分たちでオリジナルの技術をも開発します。

問12-1 （技術移転をするか）

A社は、新興国の企業から「技術移転してほしい」と頼まれました。技術移転を行うと、将来は新興国がA社のライバルになって、A社にとって不利です。

ところがA社には、B社という国内のライバル企業があります。A社が技術移転をしなければ、B社が行う可能性があります。しかも、技術移転をすれば、当面の増収を見込めるのです。

今年の利益に関する表を見て、どう決めるべきでしょうか。

A＼B	拒 否	移 転
拒 否	A:良 B:良	A:悪 B:最良
移 転	A:最良 B:悪	― ―

　正解は「移転」です。B社を裏切って、技術移転せざるをえないでしょう。自分の側が「移転」で相手側が「拒否」なら、自分の側が「最良」です。この場合、B社を裏切るのがいいことか悪いことかですが、企業社会は自由競争です。互いに競争しているのですから、当然の戦略です。

　問題を単純化しすぎている面がありますので、少し補足しましょう。この種のゲームは、A社とB社という2社間のゲームではありません。国内企業が多数あって、過当競争状態の場合、多数の企業のうち、どこかが技術移転をするでしょう。また他の先進諸国の企業も、そういう競争相手に入っています。国内の企業が技術移転をしなければ、海外の企業がします。海外の企業が技術移転をして収入を獲得したのでは、国内は丸損です。したがって、技術移転をせざるをえない結論になります。

　別の要素として、企業経営者のサラリーマン化という問題があります。社長を務めても、何年かの単位です。自分の任期中の業績を上げるために、後にツケを回す傾向が顕著です（国や地方自治体などの政治も、同じ傾向があります）。「今の利益はほしいが後のことは関知しない」という姿勢です。もし自社がそうでなかったとしても、業界内に1社でもそういう企業があるなら、技術移転をうながす圧力になってしまいます。自由競争社会の宿命ですね。

12-2

絶対劣位国の国際分業

 新興国と上手に付き合う方法

　新興諸国への技術移転が進むにつれて、先進国は劣勢になっていきます。何を作っても新興国のほうがコストが安く、品質面でも負けません。

　先進国は、"絶対劣位国"状態です。そのとき、先進国側はどうすればよいのでしょうか。かつて、戦後の日本が、世界に進出していったとき、欧米各国は苦しみました。それと同様の現象です。

問12-2 （絶対劣位国の競争力）

　A国は先進国で、生産コストが高いです。

　一方、B国は新興国で、生産コストが圧倒的に低いです。

　製品の生産コストを比較しました。

　A国を基準にしたところ、B国は以下のとおりでした。

	衣料品	テレビ
A国	1000円	2万円
B国	100円	1万円

　それぞれの製品について、A国の生産コストはB国の何倍ですか。

　答は、「衣料品：10倍、テレビ：2倍」です。とてもやさしい問題で

すね。単に割り算して計算すればいいだけです。

　たとえば、中国と日本とを比較すると、21世紀の初頭に、このくらいのコスト差があって当然だったという感じでしょうか。

　日本が絶対劣位国状態です。非常に悲観的ですが、こんな状態だということを肯定する人が多いのではないでしょうか。繊維製品や農産物だけでなく、ハイテク分野でも、今後の競争力について、先進国は非常に大きな不安を抱くはずです。

　典型的な例が、ソフトウェア開発という労働集約型産業です。人件費の安いインドや中国が、非常に優れた人材を育てています。人件費が安いだけでなく、品質においても、彼らがひけを取らない時代がやってきているのです。

　どの製品をとっても"全敗状態"なら、どうすればよいのでしょうか。

問12-3（絶対劣位国の生産）

　衣料品とテレビとで、前問のような生産コストの差があります。

　どちらを作っても、A国はB国に負けてしまいます。

　しかし、何も生産しないわけにはいきません。

　どちらを作るべきでしょうか。

	衣料品	テレビ
A国	1000円	2万円
B国	100円	1万円

　「テレビ」ですね。衣料品は生産コストの差が10倍です。テレビはまだ2倍です。だったら、テレビを選ぶのがまだしもでしょう。

　この問題は、数学としてはごくやさしいです。しかし、現実問題とし

ては、その解決は極度に難しいことでしょう。こんな状態で、はたして
A国はやっていけるのでしょうか。ここからが"理論のマジック"です。

　A国の衣料品工場は、次のように決定しました。

　衣料品の生産をやめ、テレビを作って輸出します。

　A国内におけるテレビの価格は2万円です。B国ではそれが1万円で
すから、衣料品100枚に相当します。

　よって、等価交換方式として、テレビ1台当たり、B国から衣料品を
100枚輸入することにしました。

　この貿易は、A国にとって得策でしょうか。

	衣料品	テレビ
A国	1000円	2万円
B国	100円	1万円

　非常に得策だというのが正解です。

　A国が貿易を行わず、衣料品を国内生産すると、100枚は10万円相当
です。それを2万円のテレビ1台で手に入れました。

　衣料品工場が、すべてテレビ工場に変わり、2万円のテレビを作り続
けたとします。すると、貿易と組み合わせることによって、いわば衣料
品の生産性が5倍に向上したのと同等になるわけです。

　供給されたものを、国内ですべて消費するとすれば、A国は相対的に
豊かになったわけです。同じコストで、より多くの品物を国内市場に供
給できるようになったからです。

　一方、B国のほうはどうでしょうか。

問12-5（絶対優位国の貿易策）

B国は、次のように決定しました。

テレビの生産をやめ、衣料品を作って輸出します。

ただし、A国と価格交渉をしました。

テレビ1台に対して、衣料品50枚を輸出するというのです。

その結果、B国は物質的に豊かになるでしょうか。

	衣料品	テレビ
A国	1000円	2万円
B国	100円	1万円

　豊かになります。B国では、5000円分の衣料品を作るだけで、国内で1万円の値打ちのあるテレビを入手できます。国民は同じ所得で、より多くの品物を購入できますので、B国は実質的に豊かになりました。

　一方、A国側も、2万円のテレビ1台で、5万円分の衣料品を入手できます。だから、A国もB国も得をするというわけです。

　A国は何を作っても、B国に負けるはずでした。しかしA国からの輸出が、B国を潤すことができるのです。しかもA国が得をしながらです。

　これは「比較優位の分業」の効果です。イギリスの経済学者デビッド・リカード（1772－1823）が考えた「比較生産費説」です。アダム・スミス（1723－1790）は「絶対優位」の分業を論じましたが、それよりも一段進んだ分業の考え方でした。

　これが理論のマジックというわけです。絶対優位国も絶対劣位国も、両方とも得をする……ような貿易法があるということです。

12-3

デフレの克服──グローバル化時代を考える

 デフレは是か非か？

　前節の問題を解いていると、「だからデフレが起こるんだ」と気づいた方が多いかもしれません。この本の旧版を執筆していた2002年から2003年にかけては、日本のみんながデフレの問題で困っていました。

　国際間の分業によって貿易を行うと、物価を下げる効果があります。先進国だけでなくて、新興国側の物価も下がります……。

　国と国との間で、双方とも得になる価格を設定するだけで、ますます物価が下がるのです。

　それは「グローバル化」のもたらす目覚ましい効果の1つです。現代経済は、グローバル化の効果、すなわち「国際分業」の効果を考慮せずに議論することはできません。

　デフレは一時的な現象だという見方があるかもしれませんが、「グローバル化を考える」という視点を重視するなら、特にこの問題を扱わざるをえないと思います。

問12-6 〈価格低下は悪か〉

　グローバル化がもたらす価格の低下は悪でしょうか。それともやはり望ましいものでしょうか。

一般に望ましいです。

価格が下がったから、単純にデフレだというのは間違いです。「通貨量の縮小を伴う価格低下」がデフレです。つまり不況をひき起こす価格低下です。正式には「デフレーション」といいます。

ものの価格が下がったからといって、それだけではデフレとはいえません。「通貨量の縮小」、つまり世の中にお金が回らなくならなければ、デフレではないということです。

価格の低下だけなら、これまでいろいろな商品やサービスで繰り返されてきました。ハイテク製品では特に著しかったです。たとえば、コンピューターの性能価格比は、以前は1年半でほぼ2倍に向上するといわれてきました。3年で4倍、6年で16倍……と計算すると10年でほぼ100倍です。

つまり、同じ価格のコンピューターは、10年で性能が約100倍になり続けました。あるいは、同じ性能のコンピューターを、100分の1の価格で買えるようになってきたというわけです。

これを悪だというのでしょうか。けっしてそうではないはずです。安くなるほど、市場が広がり、ますますたくさん売れるようになりました。

市場が広がり続け、購買力があるならば善だというわけです。つまり、問題は「消費」とからんでいます。価格低下だけで「デフレ」と決めつけるわけにはいきません。

物やサービスの価格が下がったとします。それでも同じ量しか売れないとします。その結果、企業の収入が減り、結果的に社員の給料が減少したり、失業が増加したりします。すると通貨量が減少していきます。これがデフレ状態です。

通貨量が減少するとともに、ますます物が売れなくなります。「デフレ・スパイラル」への突入です。このような悪循環が続きますと、経済活動がどんどん悪化していきます。

ともかくも、この状態を克服するには、「消費」を増やす方法を考えなければなりません。「生産過剰状態」のままで、消費しないのでは、デフレを克服できないのです。

どうすればデフレを克服できる？

問12-7（デフレを克服する方法）

　それでは、商品やサービスの価格が低下しても、デフレでないように
する方法を考えてください。

　消費を増やすためには、一般には新商品の開発に力を注ぐべきでしょ
う。

　衣料品やテレビの価格が低下したとします。以前と同じ量だけ買って
も、お金が余ります。そのお金を、ほかの物やサービスを買うのに使え
ば、生活は豊かになるし、通貨量も減りません。

　旧業界が生産過剰状態におちいっていても、そういう新しい商品やサー
ビスの市場ができると、旧業界から新業界へ移る人々が出てきます。
そうやって新産業が成長し始めるのです。

　単に衣料品やテレビといった既存商品の価格を上げるだけでは、実質
的な生活はなんら豊かになりません。“まやかしのデフレ克服策”とい
うべきです。

　一方、物価が下がり続けたとしても、新しい商品やサービスがどんど
ん出てきて、その結果、消費量が次第に増えていくなら、生活も豊かに
なるし、デフレも克服できます。

　つまり、常に新しいものを生み出す「創造力」が、デフレ克服の１つ
の決定打であると考えるべきでしょうね。

 創造力がデフレを打ち破る

　1980年代末には、アメリカは日本に後れをとって、経済的な苦境にあ
りました。けれども、コンピューターと情報通信分野では、性能価格比
を急激に向上させながら、素晴らしい製品を研究しつつありました。

　そのような製品とサービス群が、1990年代のアメリカ経済を押し上げ

ました。

　1990年代後半において、その効果は著しいものでした。株式時価総額が何百倍から1000倍以上にもはね上がった新興企業が稀ではなかったからです。ただ、ＩＴ製品の魅力度が下がり始めた2000年代の初頭、その勢いは衰え、"ネットバブルの崩壊"と呼ばれました。

　技術革新を原動力としたり、まったく新しい発想の産業を興したり、そういう努力によって、経済は発展してきました。

　単に価格さえ上げればよいという発想では、経済のコントロールはできないでしょう。

　「グローバル化」はさまざまな素晴らしい威力をもっています。「価格低下は不況をもたらす」というかたよった"常識"ではなく、このデフレ問題の考え方が一例であるように、なにか筋の通った論理を身につけるようにしましょう。

　なお、デフレにつながる「需要低下」の原因は、価格低下や新商品不足だけではありません。先進国では、「高齢化」という大問題が進行しています。老後に備えて貯蓄に励む人々が増えると、消費は減退します。最終需要が減ってしまうのです。

　貯蓄されたお金が、金融機関を通じての融資や投資によって、世の中ですばやく流通するなら、景気が悪くなることはありません。そのためには、金融機関が健全であって、貸し渋りなどでお金を滞留させないことが重要です。

　グローバル化時代にふさわしく、国際投資などの戦略が必要でしょうね。そのときに、円安だと不利ですので、自国通貨の価値を高める政策も不可欠です。そのような政策の立案も、要するに創造力の問題でしょう。

グローバル化の国際戦略を考える

 グローバル化の波を乗り切るには？

経済のグローバル化が進展し続けています。

新興国で生産したら、先進国より人件費が安いですから、工場を海外移転するなど、さまざまな戦略が考えられ、実行されています。

すべて、価格低下圧力です。しかし、それが悪とは限りません。

そもそも、価格が低下したら、消費者は喜び、その商品を多くの人が購入します。だから、経済としては一般には善の戦略です。

グローバル化には、いろいろな戦略があります。

①コストの安い国へ生産を移転する

②技術移転を行い、技術に対する対価を得る

③海外の市場を開拓し、製品を販売する

④海外の技術者を受け入れたり育てたりして、人材を強化する

⑤海外の企業に投資して、投資収益を得る

⑥原材料を海外から調達して、国内で付加価値をつける

⑦海外企業同士の取引を仲介して、仲介収入を得る

その他いろいろな方法が考えられると思います。

非常に恐ろしい方法としては、すでにこの本で触れましたが、外国の通貨や株や債券などを暴落させ、空売りやデリバティブなどの手法で利益を得る、という策謀などがあります。

そんな面まで考慮しますと、グローバル化とは"弱肉強食"です。弱ければ食われてしまいかねないのです。

問12-8 （グローバルな協力と非協力）

　グローバル化は弱肉強食でもあるなら、それを「協力ゲーム」と「非協力ゲーム」の立場で考えてみてください。

　この本の考え方をいろいろ適用してみてください。

　グローバルな国際分業は、いわば「協力ゲーム」です。それを推進すると、互いの国民の利益になります。

　一方、特定の国に売りを浴びせ、その過程で利ザヤを稼いだり、貿易を制限したりするのは、いわば「非協力ゲーム」です。他方の国には損、一方の国には得になります。

　基本的には、「ゼロサムゲーム」状態では、どの国も現状維持に甘んじるか、あるいは利己的に自国のみの利益を追求するかの選択になります。

　世界には、まだ成長の余地が大きいとするなら、協力ゲームの方がよい選択だといえるでしょう。

　成長させる原動力は、創造力です。科学的な創造力――ゲーム理論を含みます――を養うことが、よい効果をもたらす方法の1つでしょう。

　この章で書いていることは、ゲーム理論の応用的な考え方の例でした。

　このような考え方を発展させていくと、本1冊分くらいになりますし、読者の皆さんも自分でもっと考えていただきたいと思います。

　言いたいことは多いですが、ひとまずこのあたりで、この章は終えることにします。

グローバル化の複雑さパズル

　グローバル化に伴う効果はとても複雑です。これまでの経済学は、いわゆる国民国家などという境界がはっきりした枠組みの中で経済を考えてきました。しかし、そのような固定的な枠組みでは、今後の経済はとらえきれません。

　たとえば、景気をよくするために、金利を下げたとします。すると、海外の資金がどんどん逃げていきます。また、為替レートが下がって、通貨の価値が下落します。

　為替レートが下がるのを防ごうと、中央銀行が市場介入して、自国の通貨を買い支えますと、マネーサプライが減少します。

　このようにして、意図とは逆に、結果的に景気の浮揚にマイナスの影響を与えてしまうことがあります。せっかく金利を下げて、景気をよくしようとしたにもかかわらずです。

　ここには「政策のトリレンマ（3つの間の矛盾）」があるといわれます。自律的な金融政策、自由な資本の移動、為替の安定の3つを共存させようとしても、どこかに矛盾を生じてしまうのです。

　この章で述べたリカードの「比較生産費説」や、あるいは金融におけるオプション市場などは、下のような「裁定取引」のパズルとして表現できます。一息入れて楽しんでください。

　A国とB国は仲が悪かったそうです。そこでA国側は、
「今後、B国の1ドル10セントを、わが国の1ドルとして扱うものとする」
　と宣言しました。そこで対抗上、B国も新しい法律を公布しました。
「今後、A国の1ドル10セントを、わが国の1ドルとして扱うものとする」

　両国の国境にいた男が、悪だくみを考えました。そして、あっとい
う間に大金持ちになってしまいました。

　どうやったかというと、まずＡ国側で、Ａ国のお金をＢ国の通貨に
両替してもらいます。Ａ国の1万ドルは、Ｂ国の1万1000ドルに替
えてもらえます。

　その1万1000ドルをすぐＢ国へ持っていって、Ａ国の通貨に両替
してもらいます。1万2100ドルになります。

　それをまたＡ国に持っていって……と繰り返しますと、男の財産は
どんどん増えていきます。

　このような取引を「裁定取引」といいます。比較優位生産費説は、
裁定取引のトリックでした。一物一価でないためにトリックが生じま
す。

　株価指数先物取引などで、この原理を使えば、必ずもうかるはずだ
と考えることがよくあります。「サヤ取り」を何度もやってもうけま
す。

　ところが、ときに価格が限度を超えて動いてしまい、その結果、破
産してしまうことがあるのですが……。これは数学的に非常に高度な
話題ですので、また別の機会に述べることにしましょう。

パート **13**

企業モラルで
勝ち負けが暗転する

　かつてのバブル経済の崩壊など大きな経済危機以降、日本や各国で、じわじわと腐敗が進行していきがちでした。

　こんな嘆かわしい事件が起こってしまうのかというほど、企業が「モラルハザード（倫理の危機）」状態におちいっているとみられる事件が後を絶ちませんでした。

「信用」は、現実社会でのゲームをプレイする際、非常に重要な要素です。単に信用を失っただけで、創業何十年の企業が一瞬にして市場から消えていったりするからです。

　常に「自己点検」を行わなければなりません。モラルハザードは大きな損失を招きますから、それを社会的ゲームといった観点で考えていきましょう。

13-1

バブル経済の土地神話

 なぜバブルが起こったか？

　大手だということに安住し始めると、創造的な発想が失われていきがちです。その結果、じわじわと腐敗への道を突き進み続け、気がついたときにはもう戻れなくなっていることがあります。

　1980年代後半の日本の銀行では、「土地神話」に基づくバブル経済状態が進行していました。「地価はけっして下がらない」という迷信を誰もが本気にしました。また、1990年代後半のアメリカでは、「ニューエコノミー」という神話が流行しました。「情報技術（ＩＴ）によって、景気後退が永久に克服された」という迷信です。

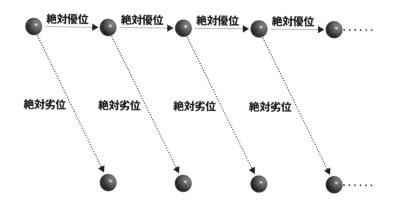

このような"神話"は「永遠」という幻想と関係しています。「永遠の絶対優位」という手が目の前に提示されます。ほかの手はすべて劣位です。連続的な二者択一の図にするなら、他はいつも絶対劣位です。

だから、毎回の選択がすべて「絶対優位」側に決まります。いつも「不動産投資」であったり、「ＩＴ株投資」であったりします。それ以外の手はすべて捨て去られます。しかし、いつまでたっても、一方の側が絶対優位であり続けるでしょうか。いつかは反転します。点検を怠って、それに気がつかないでいると、"ババ"をつかみます。

バブル経済とはいわば壮大な「ババ抜き」ゲームでしょう。しかも、大手企業は資金力があるのがかえってわざわいして、大量にババをつかんでしまいかねないのです。

問13-1（封筒の交換ゲーム）

ゲームの主催者によって、封筒が2つ用意されました。対戦するのは、あなたとＢさんです。

「中身は、1万円、2万円、4万円のいずれかですが、どれかわかりません」

と告げられます。封筒は2つしかないので、この3通りのうちのどれかが入っています。そして、こう付け加えられました。

「片方の封筒に、他方のちょうど2倍入っていることだけは確かです」

2人には、2つの封筒のうち、1つずつが手渡されました。

「相手に見えないように中身を確かめてください。その結果、2人ともが希望する場合は、封筒を交換できますよ」

あなたが中をそっとのぞくと、「1万円」が入っていました。
さあ、あなたは封筒の交換を希望しますか。

希望するのが得です。

あなたの封筒には、ありうる金額のうちで、最低の金額しか入っていません。しかも、「他方の封筒にはちょうど2倍の金額」が入っているはずなのです。相手も交換に応じてくれれば、あなたはきっと2万円を獲得するでしょう。

これはやさしい問題ですね。「交換希望」が絶対優位の作戦です。一方、Bさんの側はどうでしょうか。

問13-2（封筒の交換──Bさんの場合）

Bさんが封筒をのぞくと、「2万円」が入っていました。だから、対戦相手は「1万円」か「4万円」のどちらかだということがわかります。

そこでBさんは次のように考えました。封筒を交換した場合に獲得する金額を、「平均」して考えましょう。つまり交換後の金額の「期待値」というわけです。「1万円」と「4万円」が2分の1ずつの確率です。

だったら平均すると、（1万円＋4万円）÷2＝2万5000円ですね。

交換しなかったら「2万円」、交換したら「平均2万5000円」。だったら、交換に決まりです。さあ、この推論は正しいでしょうか。

もちろん正しくありません。Bさんは間違った推論をしました。

あなたが「1万円」のときには、あなたは交換を希望します。

しかし、もしもあなたが「4万円」だったとき、あなたの側は交換を希望するでしょうか。手持ちが最高金額ですから、そんなはずはないのです。

よって、交換が成立した場合、Bさんが得る金額は必ず「1万円」ですので、損をするはずというわけです。

Bさんは間違えて、「交換希望」が優位な作戦だと判定しました。有限のゲームですから、間違いには簡単に気づけるはずだったのです。しかし、もしも無限に金額が続いているなら、どうなるでしょうか。

問13-3 （封筒の交換——無限の場合）

封筒が2つ用意されました。

「中身は1万円、2万円、4万円、8万円、……のいずれかです」

と告げられます。2倍になりながら増えていく“無限の金額”です。
封筒の手触りでは中身がわかりません。小切手で入れてあるのでしょう。
「2万円」の封筒をもらったBさん、先ほどと同じように推論して、「交
換希望」と結論しました。それで正しいでしょうか。

　正しいです。この場合には、確率戦略をとらざるをえないでしょう。
期待値が2万5000円ですから、交換を希望してみればよいでしょう。

 ## 「永遠」「無限」がくせもの

　この問題をやった結果、実は大変なことに気づきます。金額の系列が
「無限」あるいは「永遠」に続いている場合、「自分の封筒にある金額が
いくらであろうと、常に交換が得である」というゲームになるのです。
　16万円が入っていても、交換が得です。32万円が入っていても交換で
す。さらに64万円であろうと、1024万円であろうと、いつでも交換希望
をしてみる価値があるというわけです。
　しかし、目の前に2つしかない封筒なのに、両者ともに「交換したほ
うが得」と考えるのは、どこか変ですよね。「無限」や「永遠」を仮定
すると、意外に簡単にこういう異常な状況を作れるのだと思ってくださ
い。
　そして、これはバブル経済にとてもよく似た状況です。いつでも株や
土地は「買い」が得だという判断になります。「永遠に上がる」「必ず上
がる」という“幻想”によって、判断を狂わされてしまうのです。
　しかも、1990年以後に崩壊した日本のバブル経済で、とてつもない被
害をこうむったのが、銀行でした。「最も合理的で周到なプレイヤー」

が敗北したのです。

　大企業が完全に間違えるとき、大きな原因の１つは、組織の老化でしょう。そんな企業では、常に「前例にならえ」です。そして、社員は「減点主義」で働いています。もしも前例にならって失敗したのなら、失点が少なくてすみます。しかし、「前例に反して失敗」したら、「自分だけが大きな責任」をとらねばならないのです。

　株価も地価もずっと右肩上がりだった時代に、誰がその流れに真っ向から反対して、「売りだ」と決断できるでしょうか。あるいは、もう少し深い理由を考えるべきかもしれません。「売りは銀行に対する裏切り行為だ」という理由です。

　銀行は「含み益」経営を長らく続けてきました。過去に買った株式や不動産の含み益が膨大だから、銀行は大きな信用を獲得してきたのです。

　しかし、ひとたび「売り」に転じたら、株価や地価を下げる圧力をかけることになってしまいます。その結果、自分自身の含み益を減らす作用を及ぼしてしまうのです。

　株価や地価に影響を与えるほどの資金力を持っているからこそ、右肩上がりという“死の行進”を止めるのが不可能だったわけです。それが含み益経営に頼ってきた日本の銀行群の弱点でした。

　同様のことは、1990年代末のアメリカにおけるＩＴブームに対してもいえました。通信会社は、設備投資の競争をし続けました。競争相手と比べて、「止まったら負け」の“死の行進”です。需要より１桁多いほどの回線をどんどん敷設していったのです。

　当然ながら、やがて過剰投資となり、それが重荷となって、突然、企業がどんどん倒れ始めました。ハイテク企業の多いナスダック市場では、株価が10分の１や100分の１以下になる企業がザラでした。

　ネットバブルのブームに、ベンチャー企業ものし上がってきました。「含み益経営」を選んだ会社もありました。ただ、「含み益」を「現実の利益」として実現するためには、株式などの資産を売却しなければなりません。売るという行為は、含み益への下げ圧力になりますから、自分自身の首を絞めます。そういう意味では、大きな自己矛盾をはらんだ経

「前例にならえ」の先には……

営方法でした。

　そしてその後、日本では奇妙な現象が起こりました。「持ち合い株を手放す」という逆のブームがやってきたのです。含み益経営とまったく逆の流れです。

　1990年代に株価が下がり続けた結果、「売りが善」に銀行の方針が大転換してしまいました。新たな「前例にならえ」状態です。そして、1980年代末に約3万9000円だった平均株価が、その2割にまで暴落してしまったのです。

　極端から極端に走って、やがて「セリング・クライマックス」（売りの絶頂）の瞬間が到来します。そこからまた方向が転換するのですが、大きな組織ほど変化に弱く、転換に遅れることになってしまいがちです。

13-2

信用がゲームの展開を決める

 信用を得るにはコストがかかる

　一般に「私を信用してくれ」と言う人は、信用すべきでないとされます。信用されないことが多かった人だから、わざわざ「信用してくれ」などと言うのです。同様に「オオカミが来た」とウソばかりつき続けてきた人は、次第に信用されなくなってしまいます。その結果、自分にとって非常に不利になります。

　いずれも信用がない、あるいは信用を軽視してきた人たちです。信用を生み出すには、どうすればよいでしょうか。それを考えてみましょう。たとえば、以下のような方法があります。

　①長い付き合いを続ける間に、裏切らないという「評判」を確立します。「囚人のジレンマ」における協調戦略と同様です。

　②「契約」によって確約します。通常は「違約金」などの「罰則」を規定することによって、契約の信頼性を高めます。

　③信用の背景となる「担保物件」を用意します。一般には、企業が一等地に立地しているなど、社屋の担保性を利用するといった方法などです。

　④現代は「情報公開」の重要性が特に増しています。自社に関する情報をできる限り公開します。しかも迅速性と正確さが不可欠です。

⑤「背水の陣」を敷きます。たとえば企業の場合、すでに投資をすませており、そこから後戻りできないことを知らせるなどです。

⑥途中に何段階かのチェックポイントを設けて、段階的に仕事を進めていくという方法があります。最初に前金を受け、途中段階で進行状況のチェックポイントを入れるなどです。

⑦よその行動の「うわさ」などにより、けっして約束をたがえないことを知ってもらいます。

⑧礼儀正しさ、マナーのよさなど、社会常識の信用度も大事です。

　信用を生むには、それだけの「コスト」を支払わなければなりません。上記以外にも、いろいろ信用度を向上させる方法を自分なりに考えてみましょう。

問13-4（イスラエルの場合）

　イスラエルは、テロの攻撃を受けることの多い国です。テロリストが人質をとって、身代金を要求したり、政治犯の釈放を交換条件にしたりするおそれがあります。
　イスラエルがテロをどうやって防いでいるのかを、「信用」という観点から考えてください。

「テロリストと一切交渉しない」という方針をイスラエルは貫いているのです。戦争時の交渉を除き、イスラエルはこの厳しい方針を確立しています。「人質を殺す」と脅されても、一切交渉には応じません。
　すると、やがてテロリスト側は、人質作戦をとれなくなります。イスラエル側の強固な方針が、「信用」を勝ちえたというわけです。

きわめてシビアな方針だといわざるをえません。しかし、平和な日本と異なって、常に隣国との紛争の絶えない国では、そのほうが「国家と国民の利益」だという苦渋の決断です。

 ## 日本で進むモラルハザード

世界全体を見わたしたとき、「契約社会」である欧米に比べると、日本というのは異質だとみなされるでしょう。欧米には「神との契約」という概念があります。一方、日本の場合は、無宗教というべきか、あるいは仏教国です。しかも仏教国といっても、日本独特の仏教だといってよいでしょう。

日本の仏教では、「神との契約」という概念と大きくかけ離れます。やや比喩的に述べますと、世俗の仏教では、最高教義が、「ウソも方便」になってしまいがちなのが、現代日本の大問題ではないかと心配されます。

比喩にしろ、これが最高教義的であるのは、このつまらないことわざが他のすべての教義に"優越"してしまうからです。

仏典にどんな戒めが書いてあろうと、とりあえず「方便」としてそれをたがえることが可能です。いわば「裏切り戦略」が「絶対優位戦略」になってしまっているのです。

しかも、現代の日本人は、仏教と疎遠になったという事情もあります。葬式で1回限りの付き合いだけという家庭が少なくありません。

だから、仏教側では、ますます裏切り戦略が有利になっています。葬式や戒名の費用として、法外な金額を請求します。払わなければ葬儀をやらないと脅すなど、宗教側が口先だけの方便で、裏切り戦略を使い続けます。

宗教でさえ「ウソ」と「モラルハザード」状態になってしまう国では、信用喪失による事件が数多く起こり続けます。

問13-5（大臣のウソ）

　長い不況に苦しんできた日本では、2002年5月に、経済学者と称するある大臣が、「景気の底入れ宣言」をしました。しかし、それは国民の実感とかなりかけ離れたものでした。

　その後、株価は上がったでしょうか、下がったでしょうか。

　当時のデータを調べると、株価は下がり続けて、バブル後の安値を更新しました。

　政府関係者は、「方便としてのウソ」をついたようでした。

　景気がいいといえば、国民がそう思い込んで、積極的に消費をしたり、設備投資を増やしたりして、景気の流れが変わっていくと思ったのでしょうか。

　むしろ、景気の実感と異なる発表をしたために、「政府の情報は信用できない」という認識が強まったのではないかと思います。

 ## ウソの代償は高くつく

　信頼すべき機関が信用度の低い情報を流すと、いろいろなリスクが生じます。たとえば、ウソの情報を丸ごと信じて、設備を増強したりして、倒産や赤字に追い込まれる企業が続出することでしょう。だから、かえって景気の足を引っ張ります。一方でそういうリスクを心配する人も増えていくのです。

　しかも、情報が信用できないと判断すると、多くのプレイヤーはリスクを取るのをますます控えます。株を買ったり、設備を増強したりしません。ゲーム理論の基本である「ミニマックス戦略」、つまり損をしないのが第一という方針をできるだけ堅持するわけです。

　したがって、信用度に欠ける政府発表を行うと、市場では積極的なプレイヤーが激減する傾向にあります。結果的に、すべては悪い方向に動くというわけです。

2000年のY乳業による食中毒事件が非常に有名になりましたが、企業の「社会的信用」がとりわけ重要な問題であるとわかります。

　あのような事件では、事件発覚直後の対応のしかた、危機対策の論理の組み方によっては、企業があんなにも大きなダメージをこうむらずにすんだ、と思う方も多いでしょう。彼らは対策の論理を間違えたのです。

　Y乳業事件とほぼ同時期、参天製薬は全目薬250万個を一斉に市場から回収しました。同社に脅迫状が送りつけられ、異物を混入した目薬を同封していて、金銭を要求してきたためです。

　製品に問題がないのに、参天製薬は即座に1個残らず回収したことによって、同社の製薬会社としての信用は大きく向上しました。Y乳業が企業存亡の危機に追い込まれていったのと、きわめて対照的でした。

　さてY乳業事件のように、信頼度の低い企業発表によって、株価が下がったということは、市場参加者の「過半数」がウソを見抜いていたことを意味します。

　株価が急落したり、為替レートが急変したりして、政府が大あわてをすることがあります。政府関係者がまったく予測できていなかったからです。

　ところが、市場がある方向に動くということは、「過半数の参加者がそう思って行動している」ことを意味します。動かしているのは、資金的に過半数なのです。

　素人はそこまで未来を読み切れていないわけですが、そういう人たちを除くと、ある日の瞬間、市場の「大多数」が急変の引き金に加担しているということです。

　それが株式や為替の市場の実像です。

　だから、極端にいうと、「知らなかったのは政府と素人だけ」というのが、為替市場や株式市場の隠された結論かもしれません。

　政府は、市場参加者あるいは国民の知的水準を見誤るべきではありません。そして、可能な限り正確な情報を発信すべきなのです。

13-3

人を動かす方法

 アメとムチの使い分け

相手に対する「信頼」が重要になる場面の１つは、他人に仕事を「依頼」する時です。「プリンシパル−エージェント・モデル」とゲーム理論では呼びます。「プリンシパル」とは本人のこと、「エージェント」とは代理人のことです。本人が依頼人として、代理人に仕事を依頼します。

名称は法律用語をそのまま流用しています。学者がつけた名称なので、意味不明で、下手くそなのはご愛敬です。

ただこのモデルは、「モラルハザード」の問題と密接に関連しています。あなたが依頼人だとして、代理人に仕事を依頼したとしましょう。しかし、代理人が何をやっているか、四六時中、見張っているわけにはいきません。ですから、代理人は、依頼人にとって最適の行動をとらないかもしれません。

そこで、いかにして代理人に、依頼人にとって有利な行動をとってもらうか、を考えなければならないことになります。

問11-6（拡販戦略）

あなたの会社は、販売店に拡販を依頼することになりました。普段は月に80個程度売れます。それを100個以上に増やしたい考えです。販売店にきちんと拡販してもらうためには、どんな方法が考えられますか？

いろいろ方法はありますが、100個以上売れたら、リベートを出すなどの方法が考えられます。これは「報酬」を積み増すことによって、代理人の働きの信頼度を高める方法です。販売個数が増加するにつれて、リベートの比率を高めていく、という方法がよく採用されます。販売店への接待、贈り物などを、売上にかかわらず行う方法よりも、効果の確実性が高いのです。

　自社が「広告」を打つことで、販売個数を増やそうという戦略も有効です。その場合も、販売店への適度のリベートが相乗効果を生みます。

　一方、販売店が広告を出して、その製品を宣伝してくれる場合、広告に対する補助金を提供するなど、販売店との連携を強化していくのも、「協調戦略」として効果的です。

問13-7（契約の履行）

　あなたはマイホームを新築することになりました。しかし、予定の期日までに竣工するかどうか、不安です。どうすればよいでしょうか。

　これにもいろいろな対策が考えられますが、たとえば、遅れに対する「違約金条項」を契約書に盛り込むことなどがあげられます。

　あちこちの仕事をたくさん請け負っている工務店では、仕事の優先順位を設定します。工事の遅れが営業に差し支えるようなオフィスや商店などの場合には、遅れに対する違約金を請求することが稀ではありません。そういう仕事とかち合うと、民家の建築は遅れがちになります。

　ただ、期日だけを急がせると、手抜き工事になってしまう危険があります。補修条項を抜け落ちのないものにしましょう。それとともに、業者の信用度をあらかじめチェックすることが大切です。

「あなたの望みと同じことを、他人にも望ませる」のが「報酬」と「罰則」という"アメとムチ"を用いたゲームの目標です。報酬で代理人側が動かない場合は、違約金条項などで罰則を強化するというわけです。

問13-8（相互チェック法）

　戦争で突撃命令が下りました。全員で敵地に突入しなければなりません。しかし、あなたを含めて、ほとんどの兵士が「死にたくない」と思っています。将軍はどんな方策を用いれば、部下を突撃させることができるでしょうか？

　将軍は次の2つの命令をすればいいでしょう。

「落伍者を発見したら射殺せよ」
「落伍者を発見しながらそれを射殺しなかった者も、銃殺に処す」

　つまり、代理人同士に相互に見張らせて、お互いの行動を監視させようという作戦です。
　とはいえ、アメとムチに頼るという「合理主義作戦」ばかりがいいとは限りません。アメもムチも持ち合わせていないことがあるからです。
　筆者は、若い女性などに"恋愛指南"を頼まれたとき、もっと合理的でないアドバイスをします。

「女の最大の"武器"は何だと思う？」
「美貌とか……ですか」
「いや、『男への信頼』だよ。男というのは単純な動物だから、信頼してやると、そのとおりに動くんだ」

　実はこのアドバイスは、なかなか評判がいいんです。これで本当に成功するらしいからです。
　信頼してやると、人は信頼に応えようと努力するものです。それは恋愛だけに限らず、仕事の場でも同じです。そして、「まず相手を信じる」という信頼関係から、男女関係は成立しているということなのでしょう。

13-4

企業のモラルハザードに対抗する

 ## 深刻さを増す「モラル危機」

かつて1956年に水俣病をひき起こしたＣ社が最悪の例でしょうが、企業がモラルハザード状態におちいってしまい、結局、社会的信用を失い続けます。この本を書いているころにも、偽装牛肉のＹ食品事件などがありました。水俣病に比べれば小さな事件ですが、逮捕者が出るとともに会社がつぶれました。

私が大学で聞いているだけでも、いろいろな事例が伝えられています。

バブル崩壊後に業績が５倍に急成長して、日本を代表するハイテク企業の１つに育ったＳ社は、安い研究費を提供するだけで、ロボット技術をある大学から買いました。それだけなら、モラルハザードとはいえないのですが、「その技術をＳ社の名前で公開するとき、大学の研究者名は出さない」と契約させたことが、大学関係者の間に広く伝えられ、不評を買いました。

急成長する企業は、社会的ヒーローのようにみなされます。しかしこういう小さな事例から、その暗部がかいま見えるとみなされかねません。

大学で発明した特許であっても、企業がその名を出さずに使っている例は、これ以外にも耳にします。少額の研究費か、ひどい場合は無料で譲渡させられている例が少なくないようです。こういった被害に遭わないようにするには、契約する際に「だれそれ法」などと発明者の名前を出すように、条項を入れたりするのがよいでしょう。

また、特許使用料を極端に安く交渉されたら、相場は価格の５％程度なので「おたく１社にだけ利益を図れば、他社から苦情をいわれる」などときっぱり断るといった対応が考えられます。

しかし、それにしても、集中して似たような不祥事を起こす企業がゾロゾロ出ることがあります。モラルの危機が深刻な時期というのがあるのだと思います。

 ## 巨大企業のモラルハザードと戦う

2002年7月1日付の日刊工業新聞が、学内で私のところに回ってきました。特許侵害訴訟で、日本ロール社がＩ重工業に勝訴したという記事でした。特許出願が1985年、それから17年越しに、やっと地裁レベルの判決が出たのです。日本ロール側は語っています。

> 「この間に費やした時間や労力、お金は損害賠償金よりもはるかに多い。しかし、名誉にかけて、全社挙げて戦ってきた」

なぜ京大内でこんな記事が出回ったかというと、同じＩ重工業を相手にした事件で、京大内に被害者の先生がいるというのが、あまりにも有名だったからです。時期はほぼ重なっています。だから非常に長かったのです。

京大で作ったものと原理も機構も同じ製品をＩ社は売り出し、しかも京大が申請している特許の成立を妨害しました。あげくには1999年正月の日本経済新聞の全面広告で、なんとその技術を自社のイメージ広告として用いるなど、きわめて悪質とのうわさでした。

京大の先生が激しく抗議した結果、Ｉ社はいったんは小さな謝罪広告を出しました。しかし、京大側の特許が成立すると、今度は手のひらを返したように、「特許は使っていない」と言い張りだしたのです。なんともあきれ果てるようなお話でした。

京大の先生がやっと示談で片をつけたのは、日本ロールとたいして変わらない時期だったと聞きます。おそらく「この一件には今後言及しないこと」などの項目が盛り込まれたのではないかと想像します。この会社は以前つぶれかけましたが、日本商工会議所会頭などを歴任した人物が建て直しました。その再建時期と重なる暗部なのかと思わせるような話が、こんなところに見えます。

また、場合によっては巨大企業のモラルハザードと、もっと長い年月の戦いを強いられることもあります。

　水俣病の場合には、原因は 3 年後の1959年に特定されました。熊本大学の医学部が調べた結果でした。しかし、政府が水俣病を正式に認定したのは、なんと1968年でした。そして政府がその解決策を正式に示したのは、それよりまだはるかに遅れて、1995年のことでした。

　企業犯罪あるいは企業のモラルハザードといっても、相手が巨大企業の場合、その追及には壁が立ちはだかっていることが多いものです。小さな企業や個人レベルでそういう壁に立ち向かっていった場合、非常に長い時間がかかりがちです。

 著者も巻き込まれた事件！

　こういう事例が稀でないのか、筆者自身も被害らしきものに遭いました。数学離れを少しは防ごうと、算数や数学をパズルとして扱った本を書きました。その本の評判がよかったからか、大手のＫ社から科学物の新書として、よく似た企画の本が出ました。

　企画が似ているからといって、文句をいう筋合いのものではありません。しかし、Ｋ社の本の中身を見てあきれました。こちらの 2 冊の本と比べて、3 割近くも同じような問題が入っていたからです。しかも、まえがきを読んでみると、Ｋ社の編集担当者と一緒に問題の選定を行ったように書いてあるのです。非常に興味をもちました。

　「会社ぐるみなのか？」

　という興味です。その証明ができれば、この会社はモラルハザード状態にある、と多くの人たちがみなすかもしれません。

　そこで「苦情の手紙」なるものをＫ社に出してみることにしました。詳細は割愛させていただきますが、その結果、何度かの手紙のやりとりを経て、この一件には「会社が関与した」という“堂々たる証拠”の文書を入手することに成功しました。本書で書いたような先読みなどができれば、造作はありません。担当部長は、よほど会社を後ろ盾にしたか

ったのかどうか、立派な部長印を押して送ってくれました。完璧でした。

　ただし、その後も訴訟を行っていません。「たった本1冊で、担当者が人生を棒に振らされるのは気の毒だ」と考えるほど、こちらは十分に慈悲深かったからです。

モラル軽視の代償は大きい

　大企業のモラルハザードに巻き込まれると大きな被害をこうむりますが、大企業自身も、自分で自分の首を絞めていることになぜ気がつかないのでしょうか。

　筆者の先ほどの例でも、もしも訴訟などによって、出版業界でも稀有な「会社ぐるみで関与した著作権侵害」事犯と認定された場合、K社にとっては非常に不利な事態になります。部長の責任は非常に大きいということになるでしょう。昨今、「著作権問題」は、国際政策上も最重要課題の1つに浮上しています。日本を代表するような出版社が、著作権を軽視した出版活動を平気で行っていた場合、今や外交問題として他国から攻撃される恐れさえなしとしません。

　また、I重工業の一件では、その後京大内では「モラルハザードが懸念される企業には、卒業生を送らないでおこう」という意見が強いです。

　なお、モラルハザードについては、「大きな会社ほど不利」という考え方が一般に成り立ちます。「著作権を無視するゲーム」がどのような結果になるのかを先読みしてみましょう。

　もしも大手出版社が著作権を軽視した出版活動を行った場合、「自社のコンテンツを他社に同程度に使われても、文句を言えなくなる」という弱点につながります。すると「コンテンツを最も多く有する者」つまり最大手の出版社が最も損をする、という状況に追いやられるわけです。

　モラルの軽視は、企業にとって、その代償があまりに大きいのです。

バブル経済は繰り返す

　世の中はこりずにバブルを繰り返しますが、歴史上、バブル経済の最初は、オランダでチューリップの球根が暴騰した事件だったといわれています。17世紀のことでした。

　チューリップは、中央アジアから地中海沿岸が原産で、16世紀にヨーロッパへと伝わりました。そして17世紀に入ると、品種改良がさかんに行われるようになりました。

　チューリップの人気が高まるにつれて、価格が上がるとともに、それが投資の対象にもなっていきました。

　やがてアムステルダムの証券市場には、チューリップ専門の市場までが設けられたのです。多くの市民がチューリップの球根売買に熱中しました。

　どのくらいの価格がついたかは、驚くべきです。「球根1つで家が買える」「労働者の年収の10倍に匹敵する」という水準まで上がったのです。

　背後には「永遠」の論理があります。チューリップの球根は、栽培すると増えます。1個買えば、それが年ごとに増えていって、莫大な富を築くはずという論理です。

　しかし、「増えれば、値が下がる」という、当たり前の市場の論理に気づかなかったのでしょうか。

　1637年2月4日、突如、取引所に「売り」が殺到しました。球根の価格は暴落します。あっという間に、「球根は球根にすぎない」という元の状態に戻ってしまったのです。

　また、「バブル」という呼び方の起源はイギリスで、1711年に設立された南海（サウス・シー）株式会社事件でした。南海とは、南アメリカ海岸地帯のことですが、この会社は南アメリカとの貿易の独占

権を政府から与えられました。

　その見返りとして、フランスとのスペイン継承戦争のために発行された国債を引き受けました。しかもやがて、イギリスのすべての国債を引き受けます。東インド会社やイングランド銀行という重要な会社を押さえて議会で承認され、将来性を期待されたのです。1720年のことです。

　その結果、この会社の株式は10倍以上に急騰しました。それに刺激されて多数の泡沫（バブル）会社が上場され、株式取引が大ブームになりました。

　ところがこの会社は、南アメリカとあまり貿易関係がなかったのです。やがて、まったく利益をあげていないことが判明して、株の大暴落が起こりました。

　なお、1929年10月24日にニューヨーク株式市場を襲った「暗黒の木曜日」は、世界大恐慌の引き金になりました。前に触れたように、アメリカの株価は最終的に89%安にまで暴落しました。失業率は25%にものぼりました。バブルは恐ろしいですね。

ゲームにまつわる
モラルについて

　ゲーム理論を使うと、容赦も仁義もないような、シビアな戦い
を繰り広げると思いがちです。しかし、ゲーム理論を専門とする
研究者たちは、むしろ「道徳哲学」といった観点を重視するよう
になる傾向にあります。剣道の達人が、やがて宗教家と同等の考
え方をもつようになったりするのと、なにかしら類似したところ
があります。

　本書の最後は、ゲームとモラル、つまり「勝ち負け」と「道徳」
についても考えてみます。ここを心得ておかなければ、真のゲー
ムの達人にはなれません。

14-1

道徳的なノーベル賞受賞者

🎵 ゲームには、哲学や倫理が必要

　ゲーム理論に密接に関連したテーマで、ノーベル経済学賞を受賞した人々には、道徳哲学的なゲーム理論を展開した人が多いです。ジョン・ナッシュとともにノーベル経済学賞を1994年に受賞したのは、ジョン・ハルサニとラインハルト・ゼルテンでした。

　ハルサニとゼルテンの2人は、共同研究者でした。ナッシュの均衡点の理論を発展させました。非協力ゲーム型ですので、やがてモラルの問題に行き着きやすいテーマでした。

　ハルサニといえば、「道徳哲学」で有名です。「マキシミン原理（ミニマックス原理）では道徳の原理は達成されない」という理論を展開しました。彼はハンガリー生まれですが、アメリカのケネス・アローのもとへ留学しました。「投票のパラドックス」を指摘したアローのところです。

　アローは、「君のように立派な人に、教えることはもうない」と彼を高く評価したそうです。

　ところが、日本のゲーム理論の本では、彼らの理論をきちんと述べないことが多いです。この本を書いている時点では、翻訳書を含めてもごく少ないです。そんなところからも、日本のゲーム理論は「免許皆伝でない」とでも思うべきでしょう。まだまだ達人のレベルには達していないのです。

　ゲームの道徳までマスターする人が数多く出てこない限り、国際社会での日本人のゲーム下手は直らないのではないかと思われます。

　多くの解説書は、せいぜい「囚人のジレンマ」を論じる程度で、しか

も似たりよったりの孫引き的記述をしています。そんなに浅い理解しかしていないのでは、大局的で総合的な知性を要するゲームの勝者など育てられないのでは、と心配します。

問14-1（サディズムの効用）

　A氏はサディストです。一方、B氏はマゾヒストではありません。社会には彼ら2人しかいないとします。

　最初、2人の利益状態は、それぞれ1と2でした。ところが、A氏がB氏を拷問し始めました。その結果、A氏の利益状態は3に上がったのです。一方、B氏はマゾヒストではないので、拷問されて利益があがるというわけではありませんでした。しかし、がまん強い性格なので、利益状態が1に下がる程度ですみました。

　拷問を始める前、社会全体の利益は、1＋2＝3でした。
　拷問を始めた後、社会全体の利益は、3＋1＝4です。

　だったら、拷問を始めた後のほうが、よりよい社会なのでしょうか。

	A	B
拷問前	1	2
拷問後	3	1

そうではないと考えるべきです。

いわば比較のしかたによって、どちらがよいかをすり替えたことになるでしょう。かたよった見方をするから、間違えた結論に導かれるのです。パート9の投票のパラドックスがそうであったように、人間はしばしば間違った結論に導かれます。

どうして、A氏の効用とB氏の効用を、単純に足し合わせてよいと考えるのでしょうか。ハルサニは、ザディズムや悪意などが存在する場合は、単なる功利主義的な利益計算をすべきではないとしています。

不良債権処理をめぐる論争

2つの選択を比べたとき、どちらがよいかを即断できない、という状況がしばしば起こります。

たとえばバブル後の苦難期の話ですが、銀行の抱えている不良債権を、国が買い取ったとします。その結果、銀行の資産が健全化すれば、国にとって利益だという考え方があります。ところが、そのために国民の血税が使われ、税金が不良資産に化けるなら、国民には多大な損失となります。

銀行の利益状態が「3」になり、国民側の状態が「1」に下がったけれども、全体として利益かどうかは、上記の問題と同様で、軽々しく判断することはできません。

何をするのがよいかは、現代は決定するのがますます難しくなっています。さまざまな立場の人がいます。利害も価値観も多様化しています。「多様化の時代」ですので、立場が多様になってもよりどころとなる理論、多様化する社会で起こる諸問題などを真剣に考えることが要求されます。

結局、ゲーム理論に関連したノーベル賞は、多様化する現代社会と真剣に向き合った学者たちに与えられたものだと思います。

14-2

正義の基準

 平等と自由は両立しない

　ジョン・ロールズという哲学者は、「正義論」で有名でした。彼の「正義の2原理」は、「誰でも望むであろうもの」から構成されていました。すなわち、「平等」と「自由」でした。

　「他人の自由を侵さない限り、最も広い自由を平等に有する」

　という第1原理、

　「最も不幸な人々の利益を優先する」

　とする第2原理が、その骨格でした。

　「平等」は、近代的な正義の第1原理といったところがあります。アメリカの独立宣言の冒頭では、

　「すべての人は平等に造られ、造化の神によって、一定の譲ることのできない権利を与えられている」

　と述べています。またフランスの人権宣言の第1条も、

　「人間は自由かつ権利において平等なものとして生まれ、また存在する」

　という言葉で始まっています。いずれもが人間の平等を宣言の最初に掲げました。近代の開幕を告げる記念碑的な宣言でした。そして欧米型の近代文明は大発展を遂げました。要するに「近代の最高原理」だったというわけです。

ところが、アマーティア・センをはじめ、ゲーム理論関連でノーベル経済学賞を受賞した学者たちの結論は、非常に厳しいものです。

「平等と自由は両立しえない」

が、ケネス・アローからアマーティア・センへの系譜です。ロールズの第1原理に訂正を迫りました。

そして、第2原理はマキシミン原理ですが、ハルサニはそれもおかしいとしました。後にロールズはマキシミン原理を撤回しました。

現代哲学は、ゲーム理論という道具を手にして、非常に厳しい道を開拓しているのです。

問14-2 (正義の戦争)

とある新興国のA国は、次のように考えました。

「B国はわが国よりも先に、次々と利権を押さえてきた。そして、わが国が成長を始めたとたんに、ことごとくそれを邪魔しようとしているのだ」

A国は、B国の軍事力に対抗して、自国の軍事力も増強しようとしました。ところが、B国など先行した国々は、国際条約と称して、A国の軍事力まで制限しようとするのです。

「これでは世界に正義はないではないか。B国やその連合国は、これまでも近隣諸国の同胞たちを苦しめてきた。近隣の同胞たちを本当に守れるのはわれわれだけだ」

もはやA国には、「正義の戦争」をしかけるしか、残された道はありませんでした。国民もそれに大賛成です。

はたして、それは正義といえるのでしょうか。

　いえません。短絡的に戦争になど突入しないのが正義のはずですね。
　なお、この問題の構図は、第２次世界大戦に突入した当時の日本を漠然と描いたものでした。
　戦争が正義といえないことは、はたから見ている立場では明らかです。しかし当事者になったとき、はたして戦争派に抗しきれるのでしょうか。戦争派が、「戦争こそ正義」と主張し始めたとき、戦争が不利益だからこそ、自己犠牲を伴うからこそ、反対派に対する抵抗しがたい論理となって立ちふさがります。
　自己犠牲を惜しむと、愛国心に欠けた「非国民」だといわれます。「臆病者」という悪口もあります。敵の味方をする「売国奴」という表現も使われます。
　それでも「真の正義」があると思うなら、戦い抜かなければならないのが、単なる小手先のゲーム理論との大きな相違です。

時に価値観は逆転する

　ジョージ・オーウェルは、『1984年』というSF小説で、価値観が正反対に転倒した社会を描きました。この作品の中では、「戦争は平和である、自由は屈従である、無知は力である」という表現が何度も使われます。

　実際、平和省は戦争を担当します。日本で防衛庁とか自衛隊というようなものです。「世の中の平和を維持するために、悪を滅ぼさなければならない」という論理です。

「必要悪」という言葉がありますが、悪を滅ぼすためには、戦争も許されるということでしょうか。すでにこの本でも触れたように、原爆も「戦争終結のために」として開発されました。善良な科学者たちが原爆を開発したのです。

　戦争というゲームの背後には、「論理のすり替え」や「効用のすり替え」があることを忘れてはならないのだと思います。

　正義は「相対的」なものです。自分にとっての正義は、他者にとっての悪であるということがしばしば起こりえます。正義そのものが、ほんの数年くらいのうちに、逆転してしまうことも稀ではありません。

　たとえば、「嫌煙権」という権利が急速に広がりました。以前は、同じ部屋にタバコを吸う人がいても、それをがまんするのが当然という風潮でした。ところが、タバコを吸う側ががまんしなさいということになって、部屋の片隅に追いやられ、さらに廊下で吸わされることになります。さらに、やがて廊下からも排除されて、建物の外にしか灰皿がなくなりました。

　このケース、喫煙者側が何とか権利を回復しようとしても、すでに白い目で見られるしかなくなりました。絶対劣位状態ですね。

14-3

戦争はやめたいときにやめられない

ゲームに勝つこと＝相手を負かすこと？

パート4の最初に「戦争は始めたいときに始められるが、やめたいときにやめられない」と、マキャベリの言葉を引用しました。そして「囚人のジレンマ」について述べました。

「裏切り戦略」は、使いたいときに使えるかもしれませんが、相手も裏切り返してきますので、際限のない裏切りの繰り返しになるおそれがあります。

その結果、いつまでもブレーキを踏めないで、両者ともにクラッシュするという「チキンゲーム」状態になりかねません。

実際、人類はしばしば、大戦争に突入しました。そして、自国を焦土と化してしまったのです。

ゲーム理論が教えるところは、単に勝つための作戦ではありません。負けないことを重視する作戦だけでもありません。

踏みとどまれない奈落の底に落ちる落とし穴をあらかじめ見つけて、事前にその予防をするという大きな役割を担っています。

最悪の落とし穴が、人類を滅亡に導く最終戦争でしょう。そんなものが突然起こってしまったら、目先の利益を求めるゲームなんてみんな吹っ飛んでしまいますから。

自由主義社会には、「みんなが利己的にふるまっていれば、経済全体がうまくいく」という個人主義の考え方が基本にあります。

しかし、「道徳的にふるまったほうが、うまくいく」という部分もあって、社会としても個人としても、その兼ね合いを図らなければならないということです。

すでに見たように、ナッシュ均衡という概念ではうまくいかないことが多いものです。一方、パレート最適も、投票のパラドックスではうまく働かない、などと研究者はいろいろ難しい理論を示しています。

要するに、「一見して合理的な考え方だけでは、矛盾は乗り切れない」ということですね。

相手に勝っていないにしても、せめて「公平」を求めたい人は多いことと思います。「全員平等」だという精神です。

公平を守っていないとみなされると、争いが起きやすくなります。ただ、何が公平かは、いつも難しい問題です。

ノーベル経済学賞のアマーティア・センは、子供の世界を扱ったジョークを書いています。クイズ形式にしておきましょう。

問14-3 （どちらを選ぶか）

2つのリンゴがあります。一方は大きく、他方は小ぶりです。

少年Aが大きいほうを取りました。すると、少年Bが不平を言いました。

「おまえは不公平だ」

そこで、少年Aは聞きました。

「きみだったら、どっちを取った？」

少年Bは、ちょっと考え込みました。もしも「大きいほうを取った」と言えば、少年Aは「だからそうしたんだ」と答えるでしょう。それはまずいです。そこで、

「もちろん小さいほうさ」

と答えました。

すると、少年Aは勝ち誇ってほほえみました。どうしてでしょう。

答は、「きみは望み通りにできるじゃないか」と言えるからです。

「きみだったら、どっちを取った？」という問い方がトリックです。議論をする際、自分と相手の立場を入れ替えると、相手にワナを仕掛けることをできる場合があります。考え深くない相手ですと、大きいほうか、小さい方かという「二者択一」をうっかりしてしまいます。その結果、どちらも相手に不利になります。

この問題で、相手がもっと考え深かったらどうでしょうか。

相手はおそらく、

「リンゴを2個とも、ちょうど半分ずつに切って分けようよ」

とでもいうでしょう。

「だったら、きみが切ってくれよ。ぼくが選ぶから」

こういえば、問5-2の「ケーキの分配」の問題に変わります。交互ゲームの状態にして、自分の側が選択できます。

「いや、おまえが切れよ」

「じゃ、ジャンケンで決めよう」

このあたりまで交渉が進めば、かなり公平さが出てきます。

成功の原則は、かならずしも「勝利」ではない

しかし、ジャンケンで決めても、結局、不公平感が一方の心の中に残りがちなのです。いや、場合によると、両方ともが「不公平だ、自分が損をした」と思いかねないのです。それが人間というものです。

「自分が100なら、相手は120」と、相手のほうが余分に取ったように見える状態で、初めて相手が公平感を感じ始めることがよくあります。

「相手には、自分よりも多く与えよ」が、しばしば成功の原則になります。

そして、「その見返りは期待するな」という考え方を忘れてはなりま

せん。何かを余分にもらったからといって、お返しをしてくれる人など稀ですから。

　いつもちょっと負けているけれど、合理的精神は忘れずに、しかも「合理の非合理」というゲーム理論の教える最悪ケースを忘れないでください。

　そして、日常にゲーム理論の原理をたまに生かしてみてください。ひょっとすると、今までよりちょっと交渉上手になったりとか、人間のふるまい方がよくわかってきたりとかしたなら、それはあなたの大事な宝物なんですから。

「お先にどうぞ」「ありがとう」の精神も忘れずに……

【参考図書】

　日本語の本の中で、参考になりそうな本を紹介します。一部は絶版ですが、図書館や古書店などで探していただくとよいでしょう。

◎特に推薦する本

『戦略的思考とは何か──エール大学式「ゲーム理論」の発想法』

　アビナッシュ・ディキシット／バリー・ネイルバフ著　　菅野隆／嶋津祐一訳（TBSブリタニカ）

　2段組みで330ページほどあるので、読むのがたいへんですが、一般書として読める優れた本です。ただ多少の間違いがないではありません。

『ゲーム理論で解く』

　中山幹夫／武藤滋夫／船木由喜彦編　　（有斐閣ブックス）

　200ページほどの手軽な本です。経済学者たちが実例に即して書いています。入門書という構成ではありません。章ごとに著者が異なるので、やや玉石混交があります。

『ゲームの理論入門──チェスから核戦略まで』

　モートン・D・デービス著　桐谷維／森克美訳　　（講談社ブルーバックス）

　定評のある超ロングセラーです。一般書としては高度だと思います。30年以上前の原著ですが、十分に役立ちます。翻訳が硬いのと、誤植が修正されていないのが残念です。

『つきあい方の科学──バクテリアから国際関係まで』

　ロバート・アクセルロッド著　松田裕之訳　　（HBJ出版局）

　妙な題名ですが、「囚人のジレンマ」のコンピューター選手権を主催した学者の本です。実験の詳細が載っています。ていねいに読むとおもしろいです。

『囚人のジレンマ──フォン・ノイマンとゲームの理論』

ウィリアム・パウンドストーン著　松浦俊輔他訳　（青土社）

2段組み360ページの読み物です。翻訳家の卵さんたちが手分けして翻訳した本です。歴史的な話が主ですが、例題をいろいろ見ることができます。

『ゼロ・サム社会』

レスター・C・サロー著　岸本重陳訳　（TBSブリタニカ）

原著は1980年発行で、大ベストセラーになりました。有名経済学者の出世作で、330ページほどあります。翻訳はかなり硬いです。ゲーム理論の本だとは思わないほうがいいですが、現代社会を考えるのによい本です。

◎その他の本

『大不幸ゲーム』　逢沢明著（光文社カッパ・サイエンス）

『ゲーム理論で究める人生の成功法則』　逢沢明著（大和書房）

『ゲームと情報の経済理論』　有定愛展著（勁草書房）

『ゲーム理論の新展開』　今井晴雄／岡田章編著（勁草書房）

『進化ゲームの理論』　J・W・ウェイブル著　大和瀬達治監訳（文化書房博文社）

『パソコンでゲームの理論』　梅原嘉介／フランク・シャオ著（日本評論社）

『ゲーム理論』　岡田章著（有斐閣）

『ゲーム論の基礎』　R・J・オーマン著　丸山徹／立石寛訳（勁草書房）

『戦略的思考の技術』　梶井厚志著（中公新書）

『ミクロ経済学』　梶井厚志／松井彰彦著（日本評論社）

『かけひきの科学』　唐津一著（PHP新書）

『経済学のためのゲーム理論入門』

　　　ロバート・ギボンズ著　福岡正夫／須田伸一訳（創文社）

『経済学のためのゲーム理論』

　　　D・M・クレプス著　高森寛／大住栄治／長橋透訳（マグロウヒル）

『ゲーム理論と経済学』

　　　デビッド・M・クレプス著　高森寛／大住栄治訳（東洋経済新報社）

『絶対負けないゲーム理論の思考法』　嶋津祐一編（日本実業出版社）

『MBAゲーム理論』　鈴木一功監修

　　　グロービス・マネジメント・インスティテュート編（ダイヤモンド社）

『ゲームの理論』　鈴木光男著（勁草書房）

『ゲーム理論入門』　鈴木光男著（共立出版）

『ゲーム理論の世界』　鈴木光男著（勁草書房）

『新ゲーム理論』　鈴木光男著（勁草書房）

『合理的な愚か者』　アマルティア・セン著（勁草書房）

『ゲーム理論活用術』　手塚宏之著（東洋経済新報社）

『ゲーム理論と寡占』　田中靖人著（中央大学出版部）

『はじめてのゲーム理論』　中山幹夫著（有斐閣）

『ゲームの理論』　西田俊夫（日科技連）

『勝つためのゲームの理論』　西山賢一著（講談社ブルーバックス）

『世界一かんたんな経済学入門』　西村和雄著（講談社）

『コーペティション経営』　Ｂ・Ｊ・ネイルバフ／Ａ・Ｍ・ブランデンバーガー著
　　嶋津祐一／東田啓作訳（日本経済新聞社）

『経済学のためのゲーム理論』
　　Ｍ・バカラック著　鈴木光男／是枝正啓訳（東洋経済新報社）

『ゲーム理論［批判的入門］』
　　Ｓ・Ｐ・ハーグリーブズ・ヒープ／ヤニス・ファロファキス著　荻沼隆訳
　　（多賀出版）

『ゲーム　かけひきの世界』　蓮實重彦他著（東京大学出版会）

『エコノミックゲームセオリー』
　　船木由喜彦著（臨時別冊・数理科学）（サイエンス社）

『ゲーム理論の哲学』　Ｍ・ホリス著　槻木裕訳（晃洋書房）

『経営戦略のゲーム理論』　ジョン・マクミラン著　伊藤秀史／林田修訳（有斐閣）

『慣習と規範の経済学』　松井彰彦著（東洋経済新報社）

『ゲーム理論入門』　武藤滋夫著（日経文庫）

『進化とゲーム理論』　Ｊ・メイナード-スミス著　寺本英／梯正之訳（産業図書）

『ゲーム理論の基礎』　山口利夫著（三菱経済研究所）

『はじめてのゲーム理論』　行方常幸／行方洋子著（エフ・コピント富士書院）

【著者紹介】

逢沢　明（あいざわ・あきら）

●──京都大学大学院博士課程修了。京都大学を定年退職（情報学研究科）。現在、国際情報学研究所理事長。工学博士。

●──情報数理、進化型知能、複雑系情報学の気鋭の研究者であり、かつ文明批評の論客としても知られる。コンピューターのパターン認識性能を一挙に100倍に高める「進化型コンピューター」に挑戦するなど、本業での開発・研究は極めて創造性豊かである。

●──クイズ・パズルを10万問集めたと言われるパズル博士ぶりは有名。官庁からは科学技術政策委員の依頼が多く、ゲーム理論を実践する政策通として信頼されている。

●──著書に、『21世紀の経済学』（小社刊）、『頭がよくなる数学パズル』シリーズ、『大人のクイズ』（いずれもPHP研究所）、『複雑系は、いつも複雑』（現代書館）、『転換期の情報社会』（講談社現代新書）、『コンピューター社会が崩壊する日』（光文社）など多数。

しんぱん　　　　　　　　りろん
新版　ゲーム理論トレーニング

2024年5月23日　　第1刷発行
2024年9月2日　　　第3刷発行

著　者──逢沢　明

発行者──齊藤　龍男

発行所──株式会社かんき出版

　　　　　東京都千代田区麹町4-1-4 西脇ビル　〒102-0083

　　　　　電話　営業部：03(3262)8011代　編集部：03(3262)8012代
　　　　　FAX　03(3234)4421　　　　　　振替　00100-2-62304
　　　　　https://kanki-pub.co.jp/

印刷所──ベクトル印刷株式会社